$9.95

Chile

El Otro 11 de Septiembre

Chile
El Otro 11 de Septiembre

Editado por Pilar Aguilera y Ricardo Fredes

Ariel Dorfman

Salvador Allende

Pablo Neruda

Joan Jara

Beatriz Allende

Fidel Castro

Mario Benedetti

Ocean Press
Melbourne ■ Nueva York ■ La Habana
www.oceanbooks.com.au

Cubierta: Meaghan Barbuto and Sean Walsh

ISBN 1-876175-72-9

Primera edición 2003

Impreso en Australia

Publicado por Ocean Press
Australia: GPO Box 3279, Melbourne, Victoria 3001, Australia
Fax: (61-3) 9329 5040 E-mail: info@oceanbooks.com.au
USA: PO Box 1186, Old Chelsea Stn, New York, NY 10113-1186
Tel: 718-246 4160
Cuba: Calle 21 #406, Vedado, La Habana, Cuba
E-mail: oceanhav@enet.cu

www.oceanbooks.com.au

Indice

"Llegó volando el cuervo
sobre mi suelo,
para sembrar las ruinas y
el desconsuelo."

—Patricio Manns

Introducción

Pilar Aguilera y Ricardo Fredes

El 11 de septiembre de 1973, nos despertamos a un país en tumulto. Lo que muchos predicieron estaba sucediendo, las Fuerzas Armadas de Chile estaban llevando acabo un golpe de estado para derrocar a Salvador Allende, el Presidente democráticamente elegido. Escuchamos que el Palacio de la Moneda estaba siendo bombardeado, pero muy poca información era transmitida por la radio; nada más que bandos, comunicados y marchas militares.

En la tarde del 13 de septiembre, un grupo de militares dirigidos por un capitán, llegaron a nuestra casa buscando armas. Cuando no encontraron ninguna se llevaron a mi papá con ellos. También se llevaron libros sobre socialismo y de lu izquierda. Supimos después que libros como éstos fueron quemados. Como una hora después volvieron por mi hermano mayor, se lo llevaron, le dieron una paliza y lo trajeron de vuelta. El capitán le dijo a mi mama, "Aquí está su hijo — se lo trajimos para que le trabaje ya que ejecutamos a su esposo."

Como dos meses después, un hombre entró a la casa de Ricardo Fredes, nadie lo reconoció al principio. Hector "Tito" Fredes, el padre de

Ricardo había estado detenido en uno de los campos de concentración establecidos por los militares. Para muchos, esas experiencias marcaron el comienzo de un largo periodo de sufrimiento, tortura, angustia y exilio, parte del capítulo más negro de la historia chilena.

"Cuando hablan del bombardeo del Palacio de la Moneda…deben saber que es un acto equivalente a bombardear la Biblioteca Pública de Nueva York en la calle 42 y Quinta Avenida durante las horas de trabajo."

Así fue como José Yglesias trató de explicar un año después del golpe a ciudadanos estadounidenses el impacto del terror experimentado por chilenos comunes ese día en 1973. La idea de "otro" 11 de septiembre debe parecer increíble para algunos. Pero cuando chilenos vieron fotos de neoyorquinos portando imágenes de sus seres queridos después de los ataques del 11 de septiembre, la escena fue aterradoramente familiar, y como Ariel Dorfman comentó: "Durante los últimos 28 años, el 11 de septiembre ha sido una fecha de duelo, para mí y millones de otros."

Este libro recupera el 11 de septiembre, no por respeto a la historia, sino para los miles de sueños que fueron destruidos esa mañana del 11 de septiembre de 1973 y para aquellos que según Dorfman "el mundo nunca será igual."

El horror, la confusión y lo que pareciera un terror interminable, en los dos casos fue conmovedor. En Chile la pesadilla continuó por 17 años, y como un joven chileno recalcó un año después del golpe, "me tomó un largo tiempo comprender que lo que estaba pasando era real y no una pesadilla."

Ariel Dorfman eficazmente enlaza los dos 11 de septiembre, y ofrece una base para el resto de los trozos contenidos en este libro.

La intensidad de los escritos incluidos en este libro son una señal evocativa y oportuna de que el horror que recayó sobre el pueblo chileno se debe mayormente al resultado de la continua ingerencia de los Estados Unidos en nuestro país, que llegó a su punto culminante durante el periodo del gobierno de la Unidad Popular de Salvador Allende (1970-73). La cronología de James Cockcroft debería servir como una condena al involucramiento de los Estados Unidos y la CIA desde los años 60 hasta el golpe. También se incluye en este libro el discurso de Fidel Castro días después del golpe, el cual ofrece un poderoso análisis político de los eventos que precedieron al golpe.

Este libro también ofrece una voz a aquellos que desde el comienzo sostuvieron el carácter fascista de las fuerzas chilenas y estado-unidenses que eventualmente se involucraron en el golpe.

Víctor Jara, el conocido compositor y cantante, escribió estas líneas mientras estuvo detenido en el tristemente célebre Estadio Chile donde fue brutalmente ejecutado:

> ¡Qué espanto causa el rostro del fascismo!
> Llevan a cabo sus planes con precisión artera
> Sin importarles nada.
> La sangre para ellos son medallas.
> La matanza es acto de heroísmo…
> ¡Canto que mal me sales
> Cuando tengo que cantar espanto!
> Espanto como el que vivo
> Como el que muero, espanto.

La precisión del golpe no se hubiera podido llevar a cabo sin el financiamiento y asesoramiento de los Estados Unidos. Contemplando una posible victoria electoral de Allende en 1970, el Secretario de Estado Henry Kissinger lo dijo claramente, "No sé por qué debemos esperar y ver a un país convertirse en comunista por la irresponsabilidad de su propia gente."

Cuando Allende asumió el gobierno, más de 100 corporaciones estadounidenses se habían establecido en Chile. Entre éstas había algunas de las principales corporaciones multinacionales con base en los Estados Unidos. Estas incluían las principales compañías manufactureras de automóviles, compañías petroleras, las compañías químicas Dow y DuPont, la International Telephone and Telegraph (ITT) entre otras. Sus inversiones colectivas en Chile eran de casi un billón de dólares, las inversiones de la ITT eran las más altas con 200 millones de dólares, de acuerdo al *Business Week*, del 10 de Abril de 1971.

La elección del gobierno de Allende fue seguida por una extensa campaña de desestabilización iniciada por la CIA. Washington no podía ni quería esperar y dejar a un país latinoamericano determinar su propio destino. Un país que ha escogido el camino pacífico del socialismo no puede ser tolerado. Como Allende astutamente dijo: "El capital extranjero y el imperialismo junto con elementos reaccionarios, crearon un clima para que las Fuerzas Armadas rompieran con su tradición de respetar las garantías constitucionales."

Para los chilenos que están por todo el mundo el 11 de septiembre del 2001, significó revivir el horror que sintieron en Chile y sintieron la pérdida, no solo de sus seres queridos sino además la pérdida de la esperanza y un presentimiento de que la pesadilla volvía a empezar. Los chilenos se atrevieron a querer decidir su propio futuro, crear su propia sociedad. Por el contrario Chile fue sumido en la obscuridad de la cual todavía no se recupera. Las repercusiones del golpe todavía se sienten y Chile, hablando en forma general, no se ha enfrentado a su pasado. Después de 1973, Pinochet trató de borrar el pasado para que los jóvenes chilenos se mantuvieran ignorantes de la historia de su país. El documental de Patricio Guzmán "La memoria obstinada," hecho en 1997, muestra a estudiantes universitarios chilenos confrontando por primera vez imágenes del ataque al Palacio Presidencial el 11 de septiembre. Cara a cara con su historia suprimida, los estudiantes se llenan de ira e incredulidad.

Hay algunos que no quieren revivir el horror, otros que se deciden a seguir indiferentes, y otros que deciden olvidar. Pero debemos encarar el pasado, aprender de él y buscar la verdad. Es el momento de "superar ese momento gris y amargo donde la traición trata de imponerse," y vivir el sueño de Allende que articuló elocuentemente en su último mensaje al pueblo de Chile: "La historia es nuestra y la hacen los pueblos."

escoger : choisir
enfrentar : confronter, opposer
ira : colère
superar : dépasser
imponer : imposer
sembrar : semer
trozo : morceau
espanto : frayeur
rostro : visage

rumbo : route, direction

averigar : rechercher, enquête sur

semejante : semblable

paradero : domicile

ajena : d'autrui

inagotable : inépuisable

plagar : remplir

acaecer : avoir lieu, arriver

encima : dessus

padecer : souffrir, endurer

El Ultimo Once de Septiembre

desafía : défi

aguantar : supporter, endurer, tenir bon

Ariel Dorfman

rechazar : repousser, rejeter

huir : fuir

dañar : endommager, abîmer

aterrar : terrifier

No es la primera vez.

Para mí y para millones de otros seres humanos el martes Once de Septiembre viene siendo hace veintiocho años una fecha de duelo, desde ese día en 1973 cuando Chile perdió su democracia en un golpe militar, aquel día en que la muerte entró de una manera irrevocable en nuestra vida y la alteró para siempre.

Y ahora, casi tres décadas más tarde, los dioses malignos del azar histórico han querido imponerle a otro país esa fecha trágica, de nuevo un martes, de nuevo un Once de Septiembre de la muerte.

Las diferencias y distancia que separan la fecha chilena de la norteamericana no podrían, por cierto, ser mayores. El estremecedor ataque terrorista contra el país más poderoso de la tierra tiene y tendrá consecuencias para toda la humanidad. Es posible que constituya, como lo ha sugerido Bush, el comienzo de una nueva guerra mundial y es probable que sea señalado en los manuales del futuro como el día en que la historia del planeta cambió de rumbo. Mientras que, entre los ocho billones de seres vivos hoy en el mundo, no creo que sean muchos los que recuerden cuándo ocurrió exactamente la tragedia de Chile.

Y, sin embargo, desde que, transfigurado, presencié en la pantalla de nuestra televisión acá en Carolina del Norte, aquel segundo avión impactando con su fuego y su furia calculada la Torre Sur del World Trade Center, me ronda la necesidad de entender, de extraer, el sentido oculto de esta yuxtaposición y coincidencia de los dos Once, que en mi caso se vuelve aún más enigmática y personal al tratarse de la violación de las dos ciudades fundamentales de mi existencia: Nueva York que me dio refugio y alegría durante diez años de infancia y Santiago que protegió mi adolescencia y me hizo adulto, las dos ciudades que me dieron mis dos idiomas. Ha sido, entonces, con lentitud, sobreponiéndome al choque emocional, haciendo un esfuerzo por no seguir mirando la contaminante foto del hombre que cae verticalmente desde las alturas de ese edificio, deseando no pensar más en aquellos pasajeros del avión que saben que habrán de morir en dos segundos más matando a sus propios inocentes compatriotas, en medio de llamadas telefónicas que nadie responde para averiguar cómo están tantos amigos y amigas que viven y trabajan en Manhattan, me he ido dando cuenta en forma gradual de que hay algo horriblemente familiar, hasta reconocible, en la experiencia por la que están pasando los norteamericanos. La similaridad que evoco va más allá de una comparación fácil y superficial — por ejemplo, que tanto en Chile como en los Estados Unidos, el terror descendió desde el cielo para destruir símbolos de la identidad nacional, el Palacio de los Presidentes de Chile, los iconos del poder financiero y militar en los Estados Unidos. Lo que reconozco en forma más profunda es un sufrimiento paralelo, un dolor parecido, una desorientación semejante que se hace eco de lo que nosotros vivimos en Chile a partir de ese Once de Septiembre de 1973. Su encarnación más insólita se encuentra, quizás, allá en la pantalla — me cuesta creer que sea posible — que muestra a centenares de familiares deambulando por las calles de Nueva York con las fotos de hijos, padres, esposas, amantes, pidiendo información sobre su paradero, si están vivos o están muertos, Estados Unidos entero asomado a la muerte en vida que significa la desaparición, sin certeza ni sepultura, del hombre, de la mujer, que amamos. Y también reconozco y reitero esta sensación de irrealidad que acompaña los grandes desastres causados por la maldad humana, tan distinta de la angustia que nos crean las catástrofes naturales. Una y otra vez escucho frases que me recuerdan lo que personas como yo pensábamos durante el golpe militar y los días que lo siguieron: "Esto no puede estar ocurriéndonos. Es a otra gente a la que le sucede este tipo de violencia extrema y no a nosotros, esta destrucción sucede en las películas y los libros y las imágenes foto-gráficas ajenas. Y si es una pesadilla, ¿por qué no podemos despertar?" Junto a palabras que se repiten inagotablemente, hace veintiocho años y también ahora en 2001: "Hemos perdido la inocencia. El mundo nunca será el mismo."

Lo que ha concluido, de hecho, es el famoso excepcionalismo norte-americano, aquella actitud que ha permitido a los ciudadanos de este país imaginarse a sí mismos como más allá de los males que plagan a los otros pueblos menos afortunados de la Tierra. Ninguna de las grandes batallas del siglo veinte se habían llevado a cabo en el suelo continental norteamericano — hasta el ataque a Pearl Harbor, que es el "Día de la Infamia" al que los comentaristas de Estados Unidos aluden como único posible antecedente, acaeció a miles de millas de distancia. Esa invulnerabilidad complaciente ha sido fracturada para siempre jamás. La vida norteamericana habrá de compartir, desde ahora en adelante, la precariedad e incertidumbre que sufre la gran mayoría de los otros habitantes de este planeta.

Pese al tremendo dolor, las incalculables pérdidas, que esto ha significado, me pregunto si este crimen apocalíptico no constituye a la vez una de esas oportunidades de regeneración y auto-conocimiento que de cuando en cuando se les depara a los pueblos. Las crisis pueden conducir a la renovación o a la destrucción, pueden usarse para bien o para mal, para la paz o para la guerra, para la agresión o para la reconciliación, para la venganza o para la justicia, para la militarización de la sociedad o para su humanización. Una forma para los norteamericanos de superar el trauma y sobrevivir al miedo y seguir viviendo y prosperando en medio de la inseguridad que de pronto se les ha venido encima es admitir que su sufrimiento no es ni único ni exclusivo, que ellos están conectados, siempre que acepten mirarse en el espejo más intenso y extenso de la gran humanidad común de la que formamos parte, con tantos otros seres que, en zonas aparentemente lejanas, han padecido situaciones semejantes de repentina o prolongada violencia. ¿Será esa la razón recóndita e inverosímil de que el destino haya decidido que el primer ataque contemporáneo a la esencia misma de Estados Unidos, se llevara a cabo ni más ni menos que en el preciso aniversario que recuerda un golpe militar que el gobierno norteamericano alimentó y sustentó? ¿Será para que quedara señalado el desafío inmenso que espera a los ciudadanos de este país, particularmente los jóvenes, ahora que saben de veras lo que significa convertirse en víctimas, ahora que se dan cuenta de lo que es tener a miles de desaparecidos, ahora que pueden por fin acercarse y comprender las múltiples variantes del Once de Septiembre sembradas por el globo, los sufrimientos similares que tantos pueblos y países tienen que aguantar?

Los terroristas han querido singularizar y aislar a los Estados Unidos como una potencia satánica. El resto del planeta, incluyendo a muchos países y hombres y mujeres que han sido el objeto de la prepotencia y la intervención norteamericana, rechaza — como lo hago yo — tal demonización. Basta con notar de qué manera el mundo, en forma casi unánime, ha reaccionado ante la tragedia de los Estados Unidos, mostrando su solidaridad y ofreciendo su ayuda, proclamando que los muertos de Nueva York y Washington son también muertos nuestros.

Falta por ver si esta compasión mostrada ante la nación más omnipotente del planeta se hace recíproca, falta por ver si los Estados Unidos — un país formado, en gran parte, por habitantes que han huido ellos mismos de vastas catástrofes, hambrunas, dictaduras, persecuciones — si los hombres y mujeres de esta nación tan llena de tolerancia y esperanza son capaces de sentir esa misma compasión hacia los otros miembros abandonados de nuestra especie, si los nuevos norteamericanos forjados en el dolor y la resurrección están dispuestos a participar en el arduo proceso de reparar a nuestra dañada humanidad. Creando entre todos un mundo en que no tengamos nunca más que lamentar algún nuevo y aterrador Once de Septiembre.

Ariel Dorfman, escritor chileno, acaba de publicar la novela Terapia.

amparar : protéger
acuartelar : consigner
aplastar : aplatir, écraser
aciago : funeste
apostol = apôtre
acribillar a balazos = cribler de balles
demorar : retarder
detener : arrêter
sagrado : sacré
baldón : affront
castigo : punition
rastrero : rampant, vil
segado : fauché
vasallar : asservir
agradecer : remercier
anhelos : désirs

Ultimas Palabras

Salvador Allende

Santiago de Chile, 11 de septiembre de 1973
7:55 a.m. Radio Corporación

Habla el Presidente de la República desde el Palacio de La Moneda.
Informaciones confirmadas señalan que un sector de la marinería
habría aislado Valparaíso y que la ciudad estaría ocupada, lo que
significa un levantamiento contra el Gobierno, del Gobierno legítima-
mente constituido, del Gobierno que está amparado por la ley y la
voluntad del ciudadano.

En estas circunstancias, llamo a todos los trabajadores. Que ocupen
sus puestos de trabajo, que concurran a sus fábricas, que mantengan
la calma y serenidad. Hasta este momento en Santiago no se ha
producido ningún movimiento extraordinario de tropas y, según me
ha informado el jefe de la Guarnición, Santiago estaría acuartelado y
normal.

En todo caso yo estoy aquí, en el Palacio de Gobierno, y me quedaré
aquí defendiendo al Gobierno que represento por voluntad del pueblo.

Lo que deseo, esencialmente, es que los trabajadores estén atentos, vigilantes y que eviten provocaciones. Como primera etapa tenemos que ver la respuesta, que espero sea positiva, de los soldados de la Patria, que han jurado defender el régimen establecido que es la expresión de la voluntad ciudadana, y que cumplirán con la doctrina que prestigió a Chile y le prestigia el profesionalismo de las Fuerzas Armadas. En estas circunstancias, tengo la certeza de que los soldados sabrán cumplir con su obligación. De todas maneras, el pueblo y los trabajadores, fundamentalmente, deben estar movilizados activamente, pero en sus sitios de trabajo, escuchando el llamado que pueda hacerle y las instrucciones que les dé el compañero Presidente de la República.

8:15 a.m.

Trabajadores de Chile, les habla el Presidente de la República. Las noticias que tenemos hasta estos instantes nos revelan la existencia de una insurrección de la Marina en la Provincia de Valparaíso. He ordenado que las tropas del Ejército se dirijan a Valparaíso para sofocar este intento golpista. Deben esperar la instrucciones que emanan de la Presidencia. Tengan la seguridad de que el Presidente permanecerá en el Palacio de La Moneda defendiendo el Gobierno de los Trabajadores. Tengan la certeza que haré respetar la voluntad del pueblo que me entregara el mando de la nación hasta el 4 de Noviembre de 1976.

Deben permanecer atentos en sus sitios de trabajo a la espera de mis informaciones. Las fuerzas leales respetando el juramento hecho a las autoridades, junto a los trabajadores organizados, aplastarán el golpe fascista que amenaza a la Patria.

8:45 a.m.

Compañeros que me escuchan, la situación es crítica, hacemos frente a un golpe de Estado en que participan la mayoría de las Fuerzas Armadas. En esta hora aciaga quiero recordarles algunas de mis palabras dichas el año 1971, se las digo con calma, con absoluta tranquilidad, yo no tengo pasta de apóstol ni de mesías. No tengo condiciones de mártir, soy un luchador social que cumple una tarea que el pueblo me ha dado. Pero que lo entiendan aquellos que quieren retrotraer la historia y desconocer la voluntad mayoritaria de Chile; sin tener carne de mártir, no daré un paso atrás. Que lo sepan, que lo oigan, que se lo graben profundamente: dejaré La Moneda cuando cumpla el mandato que el pueblo me diera, defenderé esta revolución chilena y defenderé el Gobierno porque es el mandato que el pueblo me ha entregado. No tengo otra alternativa. Sólo acribillándome a balazos podrán impedir la voluntad que es hacer cumplir el programa del pueblo. Si me asesinan, el pueblo seguirá su ruta, seguirá el camino con la diferencia quizás que las cosas serán mucho más duras, mucho más violentas, porque será una lección objetiva muy clara para las masas de que esta gente no se detiene ante nada.

Yo tenía contabilizada esta posibilidad, no la ofrezco ni la facilito.

El proceso social no va a desaparecer porque desaparece un dirigente. Podrá demorarse, podrá prolongarse, pero a la postre no podrá detenerse.

Compañeros, permanezcan atentos a las informaciones en sus sitios de trabajo, que el compañero Presidente no abandonará a su pueblo ni su sitio de trabajo. Permaneceré aquí en La Moneda inclusive a costa de mi propia vida.

9:03 a.m. Radio Magallanes

En estos momentos pasan los aviones. Es posible que nos acribillen. Pero que sepan que aquí estamos, por lo menos con nuestro ejemplo, que en este país hay hombres que saben cumplir con la obligación que tienen. Yo lo haré por mandato del pueblo y por mandato consciente de un Presidente que tiene la dignidad del cargo entregado por su pueblo en elecciones libres y democráticas.

En nombre de los más sagrados intereses del pueblo, en nombre de la Patria, los llamo a ustedes para decirles que tengan fe. La historia no se detiene ni con la represión ni con el crimen. Esta es una etapa que será superada. Este es un momento duro y difícil: es posible que nos aplasten. Pero el mañana será del pueblo, será de los trabajadores. La humanidad avanza para la conquista de una vida mejor.

Pagaré con mi vida la defensa de los principios que son caros a esta Patria. Caerá un baldón sobre aquellos que han vulnerado sus compromisos, faltando a su palabra... roto la doctrina de las Fuerzas Armadas.

El pueblo debe estar alerta y vigilante. No debe dejarse provocar, ni debe dejarse masacrar, pero también debe defender sus conquistas. Debe defender el derecho a construir con su esfuerzo una vida digna y mejor.

9:10 a.m.

Seguramente, ésta será la última oportunidad en que pueda dirigirme a ustedes. La Fuerza Aérea ha bombardeado las antenas de Radio Magallanes. Mis palabras no tienen amargura sino decepción. Que sean ellas un castigo moral para quienes han traicionado su juramento: soldados de Chile, comandantes en jefe titulares, el almirante Merino, que se ha autodesignado comandante de la Armada, más el señor Mendoza, general rastrero que sólo ayer manifestara su fidelidad y lealtad al Gobierno, y que también se ha autodenominado Director General de carabineros. Ante estos hechos sólo me cabe decir a los trabajadores: ¡No voy a renunciar!

Colocado en un tránsito histórico, pagaré con mi vida la lealtad al pueblo. Y les digo que tengo la certeza de que la semilla que hemos entregado a la conciencia digna de miles y miles de chilenos, no podrá ser segada definitivamente. Tienen la fuerza, podrán avasallarnos, pero no se detienen los procesos sociales ni con el crimen ni con la fuerza. La historia es nuestra y la hacen los pueblos.

Trabajadores de mi Patria: quiero agradecerles la lealtad que siempre tuvieron, la confianza que depositaron en un hombre que sólo fue intérprete de grandes anhelos de justicia, que empeñó su palabra en que respetaría la Constitución y la ley, y así lo hizo. En este momento definitivo, el último en que yo pueda dirigirme a ustedes, quiero que aprovechen la lección: el capital foráneo, el imperialismo, unidos a la reacción, crearon el clima para que las Fuerzas Armadas rompieran su tradición, la que les señaló el general Schneider y reafirmara el comandante Araya, víctimas del mismo sector social que hoy estará esperando con mano ajena reconquistar el poder para seguir defendiendo sus granjerías y sus privilegios.

Me dirijo a ustedes, sobre todo a la modesta mujer de nuestra tierra, a la campesina que creyó en nosotros, a la madre que supo de nuestra preocupación por los niños. Me dirijo a los profesionales de la Patria, a los profesionales patriotas que siguieron trabajando contra la sedición auspiciada por los colegios profesionales, colegios clasistas que defendieron también las ventajas de una sociedad capitalista.

Me dirijo a la juventud, a aquellos que cantaron y entregaron su alegría y su espíritu de lucha. Me dirijo al hombre de Chile, al obrero, al campesino, al intelectual, a aquellos que serán perseguidos, porque en nuestro país el fascismo ya estuvo hace muchas horas presente; en los atentados terroristas, volando los puentes, cortando las vías férreas, destruyendo los oleoductos y los gaseoductos, frente al silencio de quienes tenían la obligación de proceder.

Estaban comprometidos. La historia los juzgará.

Seguramente Radio Magallanes será acallada y el metal tranquilo de mi voz ya no llegará a ustedes. No importa. La seguirán oyendo. Siempre estaré junto a ustedes. Por lo menos mi recuerdo será el de un hombre digno que fue leal con la Patria.

El pueblo debe defenderse, pero no sacrificarse. El pueblo no debe dejarse arrasar ni acribillar, pero tampoco puede humillarse.

Trabajadores de mi Patria, tengo fe en Chile y su destino. Superarán otros hombres este momento gris y amargo en el que la traición pretende imponerse. Sigan ustedes sabiendo que, mucho más temprano que tarde, de nuevo se abrirán las grandes alamedas por donde pase el hombre libre, para construir una sociedad mejor.

¡Viva Chile! ¡Viva el pueblo! ¡Vivan los trabajadores!

Estas son mis últimas palabras y tengo la certeza de que mi sacrificio no será en vano, tengo la certeza de que, por lo menos, será una lección moral que castigará la felonía, la cobardía y la traición.

Allende

Mario Benedetti

Para matar al hombre de la paz
para golpear su frente limpia de pesadillas
tuvieron que convertirse en pesadilla,
para vencer al hombre de la paz
tuvieron que congregar todos los odios
y además los aviones y los tanques,
para batir al hombre de la paz
tuvieron que bombardearlo, hacerlo llama,
porque el hombre de la paz era una fortaleza
Para matar al hombre de la paz
tuvieron que desatar la guerra turbia,
para vencer al hombre de la paz
y acallar su voz modesta y taladrante
tuvieron que empujar el terror hasta el abismo
y matar más para seguir matando,

para batir al hombre de la paz
tuvieron que asesinarlo muchas veces
porque el hombre de la paz era una fortaleza
Para matar al hombre de la paz
tuvieron que imaginar que era una tropa,
una armada, una hueste, una brigada,
tuvieron que creer que era otro ejército,
pero el hombre de la paz era tan sólo un pueblo
y tenía en sus manos un fusil y un mandato
y eran necesarios más tanques más rencores
más bombas más aviones más oprobios
porque el hombre de la paz era una fortaleza
Para matar al hombre de la paz
para golpear su frente limpia de pesadillas
tuvieron que convertirse en pesadilla,
para vencer al hombre de la paz
tuvieron que afiliarse siempre a la muerte
matar y matar más para seguir matando
y condenarse a la blindada soledad,
para matar al hombre que era un pueblo
tuvieron que quedarse sin el pueblo.

despedir : reconduire, faire ses adieux
asistar : essayer
la víspera : veille
los demás : les autres
recado : commission, message
esquina : coin, angle
trajinar : s'activer
apearse : descendre
a tientas : à tâton
verja : grille
hierro : fer
delgado : mince, maigre
demacrado : émacié
mejilla : joue
tildarse de : se taxer de, se traiter de
sótano : sous-sol
ademán : attitude, geste
desplomarse : s'écrouler, s'effondrer
compás = mesure

El Día del Golpe

Joan Jara

Despierto temprano, como siempre. Víctor sigue durmiendo, de modo que me levanto en silencio y llamo a Manuela, que tiene que llegar temprano a la escuela. Bajo a poner la tetera al fuego y pocos minutos después aparece Mónica, frotándose los ojos y bostezando. Todo es normal, dentro de la anomalía en que vivimos. Es una mañana fría, melancólica, nublada.

Manuela y yo desayunamos y salimos para la escuela. Yendo en coche no es lejos, pero resulta difícil llegar en transporte público, aunque lo hubiera. Por suerte nos queda algo de gasolina. Evidentemente somos las únicas personas que están en movimiento. Todos los demás parecen haber decidido quedarse en la cama, con excepción de las empleadas domésticas, naturalmente, que se levantan temprano para hacer cola en la panadería de la esquina. Mónica había vuelto con la noticia de que el coche de Allende ya había bajado a toda prisa por la Avenida Colón, acompañado por su escolta habitual, mucho más temprano que de costumbre. En la cola del pan y en el quiosco la gente decía que se estaba tramando algo.

El Liceo Manuel de Salas está lleno de alumnos. Aquí no hay

indicios de huelga. Sólo un mínimo porcentaje de familias no es partidaria de la Unidad Popular. En el camino de vuelta enciendo la radio del coche y me entero de que Valparaíso ha sido acordonado y está teniendo efecto un movimiento de tropas desacostumbrado. Los sindicatos convocan a todos los trabajadores a reunirse en los lugares de trabajo porque se trata de una emergencia, una alerta roja.

Me doy prisa para contárselo a Víctor. Cuando llego le encuentro levantado y manipulando la radio, con la intención de sintonizar Magallanes u otra emisora partidaria de la Unidad Popular. "Parece que ya empezó," nos decimos.

Aquella mañana Víctor debía cantar en la Universidad Técnica, en la inauguración de una exposición sobre los horrores de la guerra civil y el fascismo, donde hablaría Allende...

"Eso no creo que se haga," dije.

"No, pero creo que debo ir, de todos modos ¿Por qué no vas al tiro a buscar a la Manuela? Es mejor que estén todas juntas en casa."

Voy a llamar por teléfono para tratar de averiguar qué está pasando.

Mientras volvía a salir del patio, nuestros vecinos empezaban a reunirse. Hablaban en voz alta y ya comenzaban a celebrar. Pasé a su lado sin mirarlos, pero al fijar la vista en el retrovisor vi que una de las "damas" se agachaba y me dedicaba el ademán más grosero del lenguaje chileno.

Al llegar me enteré de que habían dado instrucciones de que los más pequeños volvieran a sus casas, mientras los maestros y los alumnos mayores podían permanecer en el colegio. Recogí a Manuela y en el trayecto de regreso oímos a Allende por la radio. Aunque la recepción era mala, fue tranquilizador oír su voz desde el Palacio de La Moneda... aunque sonó, casi, como un discurso de despedida.

Encontré a Víctor en el estudio, escuchando la radio, y juntos oímos la confusión que se produjo cuando casi todas las emisoras de la Unidad Popular dejaron de emitir a medida que sus instalaciones eran bombardeadas o tomadas por los militares. La música marcial reemplazó la voz de Allende: "Esta será seguramente la última oportunidad en que me dirijo a ustedes... Yo no voy a renunciar .... Pagaré con mi vida la lealtad del pueblo... Y les digo que tengo la certeza que la semilla que entregáramos a la conciencia digna de miles y miles de chilenos no puede ser segada definitivamente... No se detienen los procesos sociales ni con el crimen ni con la fuerza. La historia es nuestra y la hacen los pueblos..."

Era el discurso de un hombre heroico que se sabía a punto de morir, pero en ese momento sólo lo escuchamos por fragmentos. A Víctor le llamaron por teléfono en mitad del discurso. A mí me resultaba difícil escucharlo.

Víctor esperaba mi regreso para salir. Había decidido ir a su lugar de trabajo, la Universidad Técnica, obedeciendo las instrucciones de la CUT. En silencio vertió nuestra última lata de gasolina reservada para una emergencia como aquella en el depósito del coche y mientras lo hacía vi que uno de nuestros vecinos, un piloto de las líneas aéreas nacionales, se asomaba al balcón de su casa y le gritaba algo burlón a Víctor, que le respondió con una sonrisa.

Fue imposible despedirnos como correspondía. Si lo hubiésemos hecho, me habría aferrado a él, y no le habría dejado marchar, de modo que lo hicimos con aire indiferente.

"Volveré en cuanto pueda, mamita... tú sabes que tengo que ir... mantén la calma."

"Chao..."

Cuando volví a mirar, Víctor ya no estaba allí.

Escuchando la radio, entre una marcha militar y otra, oí los comunicados: "Bando número uno," "bando número dos"... las órdenes militares anunciaban que se había dado un ultimátum a Allende para su rendición ante los Comandantes de las tres armas al mando del general Augusto Pinochet... que si a mediodía no se había rendido, el Palacio de La Moneda sería bombardeado.

Mónica estaba preparando el almuerzo; Amanda y Carola jugaban en el jardín cuando de pronto se oyó el estruendo y el zumbido de un avión a reacción bajando en picada y luego una tremenda explosión. Era como estar otra vez en la guerra. Salí para meter a las niñas en casa, cerré las persianas de madera y las convencí de que se trataba de un juego... pero los aviones seguían volando en picada y daba la impresión de que los proyectiles que disparaban caían sobre la población de arriba de nuestra casa, en dirección a las montañas. Creo que fue en aquel momento cuando me abandonó toda ilusión que pudiera haber albergado: si luchábamos contra aquello ¿qué esperanza podíamos tener?

Entonces llegaron los helicópteros, rasantes sobre las copas de los árboles del jardín. Los vi desde el balcón de nuestro dormitorio, suspendidos en el aire como siniestros insectos, ametrallando la casa de Allende. En lo alto, hacia la cordillera, otro avión daba vueltas. Oímos el agudo zumbido de su motor durante horas ¿Sería el avión de control?

Poco después suena el teléfono. Corro a contestar y oigo la voz de Víctor.

"¿Cómo estás mamita? No he podido llamarte antes. Estoy aquí, en la Universidad Técnica. ¿Sabes lo que pasa, verdad?"

Le hablé de los bombarderos en picada, pero le dije que todas estábamos bien.

"¿Cuándo volverás?"

"Te llamaré más tarde ahora necesitan el teléfono, chao."

No hay nada que hacer, salvo escuchar la radio, los bandos prisa militares entre una marcha y otra. Los vecinos han salido al patio y hablan excitados, algunos encaramados en los balcones, para ver mejor el ataque sobre la casa de Allende... hacen brindis... en una de las casas ondea una bandera.

Oímos la noticia de que el Palacio de La Moneda ha sido bombardeado e incendiado nos preguntamos si Allende habrá sobrevivido... no hay ningún comunicado al respecto... se ha impuesto el toque de queda... Telefonea Quena para saber cómo estamos y le digo que Víctor ha ido a la Universidad.

¡Qué espanto! exclama y cuelga.

Tenemos que suponer que todos los teléfonos están intervenidos, pero Víctor vuelve a llamar alrededor de las cuatro y media.

"Tengo que quedarme aquí... será difícil que vuelva por el toque de queda. A primera hora de la mañana, en cuanto lo levanten, vuelvo a la casa... Mamita, te quiero."

"Yo también te quiero..." pero me atraganto mientras lo digo, y él ya ha cortado la comunicación.

Aquella noche me acosté pero no pude conciliar el sueño, por supuesto. A todo nuestro alrededor se oían, en medio de la oscuridad, repentinas ráfagas de metralletas. Esperé la llegada de la mañana pensando si Víctor tendría frío, si podría dormir, donde quiera que estuviese, lamentando que no se hubiese llevado al menos una chaqueta, preguntándome si, dado que el toque de queda se había postergado hasta la noche, no habría salido de la Universidad y decidido ir a casa de alguien de las cercanías.

A última hora de la mañana levantaron el toque de queda y las empleadas salieron en tropel a comprar pan pero hoy la cola estaba controlada por soldados que golpeaban a la gente con sus armas y la amenazaban.

Rogaba por que Víctor volviera a casa, anhelaba oír el zumbido del coche al estacionarse debajo de la flor de la pluma. Calculé cuánto tiempo le llevaría el recorrido desde la Universidad... Mientras aguardaba me di cuenta de que no había dinero en la casa, de modo que salí para cubrir a pie el par de manzanas que me separaban de la tiendecita de Alberto, que siempre había colaborado con la JAP y que quizá me cambiaría un cheque. Por el camino, dos camiones pasaron a mi lado a toda prisa. Iban llenos de civiles armados con fusiles y ametralladoras. Comprendí que eran nuestros fascistas locales, salidos de sus ratoneras.

Alberto estaba muy asustado, y con toda razón. En la semana anterior ya habían explotado un par de bombas en la puerta de su tienda. Pero tuvo la bondad de cambiarme el cheque y me preguntó por Víctor. Volví andando a paso largo, y por el camino tropecé con una amiga, la esposa de uno de los miembros de Inti Illimani, que vivía cerca. También ella estaba angustiada y, para colmo, sola, pues el conjunto se encontraba en Europa. Por acuerdo mutuo volvió conmigo a casa y se quedó varios días. La víspera se había sentido enferma y no había ido a su trabajo en una repartición gubernamental. Ahora sufría atrozmente, pensando qué habría ocurrido allí y qué suerte habrían corrido sus compañeras.

Esperamos juntas, pero Víctor no volvió. Pegada a la televisión, aunque a punto de vomitar por lo que veía, contemplé los rostros de los generales hablando de "erradicar el cáncer del marxismo" del país, oyendo el anuncio oficial de la muerte de Allende, viendo la filmación de las ruinas del Palacio de La Moneda y de la casa de Allende, repetida hasta el infinito, con primeras planos de su dormitorio, de su cuarto de baño o de lo que quedaba de ellos, con un "arsenal" que parecía patéticamente pequeño considerando que sus guardias habían tenido que protegerle contra ataques terroristas. Sólo a última hora de la tarde me enteré de que la Universidad Técnica había sido reducida, que aquella mañana habían entrado tanques en el recinto y que un gran número de "extremistas" había sido arrestado.

Mi salvación aunque sospechosa porque tenía oídos era el teléfono. Supe que Quena estaba tratando de averiguar qué le había ocurrido a Víctor, y ella estaba en mejores condiciones que yo para hacerlo discretamente. Yo no me atrevía a dar un paso, temerosa de identificar a Víctor ante las autoridades militares. No quería llamar la atención sobre él... quizás había logrado salir de la Universidad antes de que la atacaran. Al menos, eso esperaba. Transcurrió la noche del miércoles, otra noche fría, glacial para septiembre. La cama era grande y percibí un doloroso vacío a mi lado. Dormí a rachas y soñé con Víctor, en su cuerpo entrelazado con el mío. Desperté en la oscuridad, presa de pánico por él. Recordé sus pesadillas.

La mañana siguiente tampoco hubo noticias. Traté de telefonear a diferentes personas que podían saber qué había ocurrido en la Universidad Técnica. Nadie estaba seguro de nada. Después, otra vez Quena... había averiguado que los detenidos de la UTE habían sido trasladados al Estadio Chile, donde Víctor había cantado tan a menudo y donde se celebraban los festivales de la canción. Quena no sabía con certeza si Víctor se encontraba entre ellos; la mayoría de las mujeres habían sido puestas en libertad, y le habían transmitido la noticia... pero no estaban plenamente seguras de que Víctor hubiese sido arrestado con los demás, pues las habían separado de los hombres.

Por la tarde suena el teléfono. El corazón me da un vuelco y corro a responder. Una voz desconocida, muy nerviosa, pregunta por la compañera Joan.

"Sí, soy yo."

Entonces hay un recado para mí:

"Tú no me conoces, compañera, pero tengo un mensaje para ti de tu marido. Acabo de salir del Estadio Chile. Víctor está allí. Me pidió que te dijera que trates de mantener la calma y quedarte en la casa con las niñas, que él dejó el coche en el estacionamiento de la Universidad Técnica y que quizá tú puedas enviar a alguien para que te lo traiga. No cree que le dejen salir del estadio."

"Gracias por llamarme, compañero ¿pero qué quiso decir con eso?"

"Eso es lo que me pidió que te dijera. Buena suerte, compañera," colgó.

Cuando Quena me telefoneó pocos minutos más tarde, le di la noticia. A partir de ese momento se dedicó a hacer todo lo posible para averiguar más, para descubrir cuál sería la mejor forma de salvar a Víctor. Incluso fue a ver al cardenal Silva Henríquez para pedirle que interviniera. A mí me inmovilizaban el terror de identificar a Víctor suponiendo que todavía no supieran quién era, las instrucciones que me había transmitido y mi fe ciega en el poder y la organización del Partido Comunista que, según yo creía, conocería la mejor manera de proteger a personas como él.

En esa etapa yo no tenía una verdadera idea de los horrores que se estaban produciendo. Estábamos privados de noticias y de información, aunque abundaban los rumores. Un dirigente político responsable me telefoneó para decirme que el General Prats avanzaba desde el norte con un ejército: debía de ser el principio de la guerra civil sobre la que nos habían advertido (sólo después supimos que el General Prats estaba encarcelado y que durante la noche del 10 de septiembre, incluso antes de que empezara realmente el golpe, había habido una purga de todos los oficiales sospechosos de apoyar al gobierno de Allende.)

Durante el breve plazo que se levantó el toque de queda el viernes, decidí atravesar Santiago para ir a buscar el coche. Pensé que nos convenía tenerlo por si era necesario marcharnos de prisa. Era mi primera salida fuera de nuestro barrio, y bajo o el sol de mediodía todo parecía artificialmente normal: los autobuses funcionaban, había comida en las tiendas. Lo único anormal era el número de soldados en las calles, en todas las esquinas, pero había mucha gente que trajinaba, caminando de prisa, con el rostro carente de expresión. En el lento trayecto del autobús por la Alameda, pasamos junto al Palacio de La Moneda, mejor dicho su esqueleto, acordonado desde la plaza. Mucha gente paseaba por delante, supongo que curiosa por ver los resultados del bombardeo y el incendio... pero nadie expresaba sus sentimientos, ya fuesen de ira y tristeza o de satisfacción.

La Estación Central y los puestos de alrededor estaban tan concurridos como de costumbre. Me apeé del autobús y vacilé en la esquina de la calle lateral que conducía al Estadio Chile. Me quedé mirando a la multitud que esperaba afuera, a los guardias con sus ametralladoras en posición de disparar. Era imposible acercarse y de todos modos... ¿qué podría haber hecho? Caminé las pocas manzanas que me separaban de la Universidad Técnica. El campus y el nuevo edificio moderno estaban extrañamente desiertos. Después me di cuenta de que los grandes ventanales y puertas de cristal estaban rotos, la fachada dañada y plagada de señales de balas. El estacionamiento delantero, en general lleno, estaba vacío con excepción de nuestra citroneta, que se veía solitaria allí en medio. Seguramente había guardias militares cerca, pero no noté su presencia. Sólo vi a un anciano sentado en un muro, a cierta distancia.

Pongo un pie delante del otro hasta que llego al coche, busco a tientas las, llaves y descubro que estoy pisando un charco de sangre que mana por debajo del coche, que donde debería haber una ventanilla no hay nada, que el interior está lleno de vidrios rotos. Pienso que no puede ser el nuestro y empiezo a probar las llaves para ver si encajan. Entonces veo que el anciano se acerca hacia mí.

"¿Quién es usted?" me grita.

"Es mi auto," tartamudeo, "es el auto de mi marido... lo dejó aquí."

"Entonces está bien," responde el anciano. "Se lo estaba cuidando a don Víctor. Encontré su carnet en el suelo. Será mejor que lo tengas tú," me lo entrega.

"¿Pero de dónde viene toda esa sangre? ¿De quién es?" le pregunto.

"Supongo que alguien le dio una puñalada a un ladrón que intentó robarlo. Por aquí se ha derramado mucha sangre últimamente. Será mejor que te vayas cuanto antes. Aquí corres peligro."

Me ayuda a quitar los vidrios rotos de los asientos del coche, para que pueda conducir, e insiste en que me aleje.

Eso ocurrió el viernes. No sé cómo pasé el sábado. La gente me telefoneaba. Yo telefoneaba a la gente. Marta fue a verme. Ángel había sido detenido y trasladado al Estadio Nacional. Tuve malas noticias de otros amigos... todos los dirigentes de la Unidad Popular estaban detenidos u ocultos y les buscaban como a criminales. Otros amigos habían desaparecido.

Acostada en la cama el sábado por la noche no puedo decir que durmiendo, con la vista fija en el techo, empezó a cubrirme un tipo distinto de fría desesperanza. Me incorporé bruscamente, con el corazón en la boca: Víctor no estaba allí.

En cuanto amaneció abrí el armario y empecé a sacar prendas que no había usado durante años: ropas convencionales de *Marks & Spencer*, que me daría aspecto de extranjera. Me recogí el pelo, me puse gafas oscuras y traté de cobrar fuerzas para ir a la Embajada Británica con el fin de pedirles que ayudaran a Víctor. Era demasiado temprano, por supuesto. Tuve que esperar a que se levantara el toque de queda. Como era domingo, no debía ir a la Embajada, que estaba en el centro, sino a la residencia del Embajador.

El Embajador vivía en una de las grandes mansiones del barrio alto, con verjas de hierro forjado y rejas, cerrada y con guardia policial en el exterior. No había señales de vida. Llamé al timbre y esperé hasta que salió uno de los criados.

"Soy británica. Necesito ayuda."

Pensé que me abriría la puerta, pero no fue así. Me dijo que esperara. Esperé. La policía me observaba. Me pregunté si parecería lo bastante inglesa. Entonces se abrió la puerta principal de la mansión y un joven indudablemente británico se acercó a la verja.

"Disculpe por todas estas precauciones un tanto dramáticas. Son órdenes superiores ¿En qué puedo servirla?"

En un incoherente y entrecortado inglés que no resultó del todo correcto, le expliqué que mi marido estaba en el Estadio Chile, que temía por su seguridad y que quería saber cómo podían ayudarme.

Observándome a través de la verja herméticamente cerrada, me dijo, "¿Es un súbdito británico? De lo contrario, usted sabe muy bien que no podemos hacer nada."

"No, es chileno, pero creo que corre un peligro especial porque es una persona conocida. Por favor, traten de hacer algo para ayudarle... si saben que la Embajada Británica se interesa por él, quizá podarnos salvarle."

"No creo que podamos hacer nada, pero dadas las circunstancias, probablemente lo más aconsejable sea que nuestro Agregado Naval pregunte por él a las autoridades militares. Veré qué podemos hacer, pero no le prometo nada. La llamaré por teléfono si tengo alguna noticia."

Volví a casa preguntándome si había hecho bien, albergando la esperanza de no haber traicionado a Víctor. Si se había desprendido de su documento de identidad era porque esperaba que no lo reconocieran. A menos que ya estuviese muerto.

El lunes es una laguna en mi memoria. Supongo que hice todos los movimientos que corresponden a estar viva. Por decreto militar, mañana debemos sacar las banderas para celebrar el día de la Independencia de Chile.

Martes 18 de septiembre

Aproximadamente una hora después de levantarse el toque de queda, oigo el ruido del portón, como si alguien intentara entrar. Todavía está cerrado con llave. Me asomo a la ventana del cuarto de baño y veo a un joven afuera. Parece inofensivo y me decido a abrirle. Me dice con voz baja:

"Estoy buscando a la compañera de Víctor Jara ¿Vive aquí? Por favor, confíe en mí. Soy un amigo," me muestra su carnet "¿Puedo entrar un minuto? Tengo que hablar con usted," parece nervioso y preocupado. Me dice en un susurro, "Soy miembro de las Juventudes Comunistas."

Abro la puerta para que entre y nos sentamos en la sala.

"Lo siento, tenía que encontrarla... Lamento decirle que Víctor ha muerto... Encontraron su cuerpo en la morgue. Un compañero que trabaja allí lo reconoció. Le ruego que sea valiente y que me acompañe para identificarle ¿Llevaba calzoncillos azúl oscuro? Tiene que venir, porque su cadáver lleva allí casi cuarenta y ocho horas y, si nadie lo reclama, se lo llevarán y lo enterrarán en una fosa común."

Media hora más tarde me encuentro conduciendo como una autómata a través de las calles de Santiago con el joven desconocido a mi lado. Héctor, así se llamaba, había estado trabajando en la morgue, el depósito de cadáveres municipal durante la última semana, tratando de identificar cuerpos anónimos que llegaban diariamente. Era un muchacho amable y sensible y había corrido un gran riesgo yendo a buscarme. En su condición de empleado tenía una tarjeta especial y después de mostrarla en la entrada, me introdujo por una pequeña puerta lateral del edificio, a pocos metros de los portales del Cementerio General.

Estoy en una especie de trance pero mi cuerpo sigue funcionando.

Tal vez vista desde afuera parezca normal y dueña de mí misma: mis ojos continúan viendo, mi nariz oliendo, mis piernas andando...

Bajamos un oscuro pasadizo y entramos en una enorme sala. Mi nuevo amigo me apoya la mano en el codo para sostenerme mientras contemplo las filas y filas de cuerpos desnudos que cubren el suelo, apilados en montones, en su mayoría con heridas abiertas, algunos con las manos todavía atadas a la espalda. Hay jóvenes y viejos... cientos de cadáveres... en su mayoría parecen trabajadores... cientos de cadáveres que son seleccionados, arrastrados por los pies y puestos en un montón u otro por la gente que trabaja en el depósito, extrañas figuras silenciosas con las caras cubiertas con máscaras para protegerse del olor a putrefacción. Me paro en el centro de la sala, buscando a Víctor sin querer encontrarle, y me asalta una oleada de furia. Sé que mi garganta emite incoherentes ruidos de protesta, pero Héctor reacciona instantáneamente.

"¡Shhh! No debes decir nada, si no tendremos problemas. Espera un momento. Iré a averiguar dónde debemos ir. Creo que no es aquí."

Nos envían a la planta superior. El depósito está tan repleto que los cadáveres llenan todo el edificio, incluyendo las oficinas. Un largo pasillo, hileras de puertas y, en el suelo, una larga fila de cadáveres, éstos vestidos, algunos con aspecto de estudiantes, diez, veinte, treinta, cuarenta, cincuenta... y en mitad de la fila descubro a Víctor.

Era Víctor, aunque le vi delgado y demacrado ¿Qué te han hecho para consumirte así en una semana? Tenía los ojos abiertos y parecía mirar al frente con intensidad y desafiante, a pesar de una herida en la cabeza y terribles moratones en la mejilla. Tenía la ropa hecha jirones, los pantalones alrededor de los tobillos, el jersey arrollado bajo las axilas, los calzoncillos azules, harapos alrededor de las caderas, como si hubieran sido cortados por una navaja o una bayoneta... el pecho acribillado y una herida abierta en el abdomen... las manos parecían colgarle de los brazos en extraño ángulo, como si tuviera rotas las muñecas... pero era Víctor, mi marido, mi amor.

En ese momento también murió una parte de mí. Sentí que una buena parte de mí moría mientras permanecía allí, inmóvil y callada... incapaz de moverme, de hablar.

Tendría que haber desaparecido. Sólo porque su rostro fue reconocido entre cientos de cadáveres anónimos no le enterraron en una fosa común, con lo cual yo nunca habría sabido qué había sido de él. Le di las gracias al trabajador que llamó la atención sobre él y al joven Héctor que sólo tenía diecinueve años, que decidió correr el riesgo de ir a buscarme, que buscó y encontró mi nombre y mi domicilio en los archivos de "Identificaciones," donde pidió colaboración a otras personas. Todos habían ayudado. Ahora era necesario reclamar legalmente el cadáver de Víctor. La única forma posible era llevarle inmediatamente desde el depósito hasta el cementerio y enterrarle... tales eran las órdenes.

Me hicieron volver a casa a buscar el certificado de matrimonio. Una vez más, ahora sola, tuve que atravesar Santiago, que ya se había engalanado con banderas para la celebración de las Fiestas Patrias. Todavía no podía decirle nada a mis hijas, el depósito de cadáveres no era lugar para ellas. Pero habían estado llamando mis amigos, muchos alumnos que querían saber cómo estábamos. Uno de ellos insistió en acompañarme, un buen amigo que se tildaba a sí mismo de momio. Por extraña coincidencia, también se llamaba Héctor.

El papeleo, el cumplimiento de todos los trámites, llevó horas. A las tres de la tarde todavía esperaba en el patio que conducía al sótano del depósito, desde donde me dijeron que saldría el cadáver de Víctor. Había allí otras mujeres que hojeaban las inútiles listas fijadas en los muros y que sólo indicaban un número, el sexo, el "sin nombre," encontrado en tal o cual zona. Mientras aguardaba, intermitentemente entraban desde la calle vehículos militares cerrados, con una cruz roja pintada en los costados, que bajaban al sótano para descargar, evidentemente, otra partida de cadáveres, y que al instante volvían a salir en busca de más.

Por fin todo estuvo dispuesto. Con el ataúd sobre un carrito de ruedas, estábamos listos para cruzar hasta el cementerio. Al llegar a la puerta nos encontramos ante un vehículo militar que entraba con más cadáveres. Alguien tenía que ceder el paso... el conductor tocó la bocina y nos hizo ademanes airados, pero permanecimos inmóviles y en silencio hasta que retrocedió para dar paso al ataúd de Víctor.

La caminata hasta el lugar del cementerio donde Víctor sería enterrado debió de llevarnos entre veinte y treinta minutos. El carrito chirriaba, y rechinaba sobre el pavimento irregular. Caminamos y caminamos... mi nuevo amigo Héctor a un lado, mi viejo amigo Héctor al otro. Sólo cuando el ataúd de Víctor desapareció en el nicho que nos habían asignado estuve a punto de desplomarme. Pero estaba vacía de sentimientos o sensaciones y sólo se mantenía viva la idea de que Manuela y Amanda esperaban en casa, preguntándose qué ocurría, dónde estaba yo.

Al día siguiente el diario La Segunda publicó un breve párrafo en el que informaba de la muerte de Víctor como si hubiera fallecido plácidamente en la cama: "El funeral fue de carácter privado y sólo asistieron los familiares." Después todos los medios de difusión recibieron la orden de no volver a mencionar a Víctor. Pero en la televisión alguien arriesgó su vida insertando unos pocos compases de "La Plegaria" sobre la banda sonora de una película norteamericana.

siquiera: au moins
enterarse: se renseigner, s'informer
acordonar: entourer
disparo: coup de feu
amparar: protéger
recinto: enceinte
deporte: sport
golpe: coup
asiento: siège
apodar: surnommer
dedo: doigt
tumbar: renverser, faire tomber
amoratado: violacé
frasco: flacon
lapiz: crayon
trasladar: transférer
latigo: fouet
despiadado: impitoyable
garabatear: gribouiller
rincón: coin

parto: accouchement
calcetín: chaussette
atisbo: lueur, trace, soupçon
camarín: loge
yacer: gésir
arrastrar: traîner
arrojar: lancer, jeter

Un Canto Inconcluso

Joan Jara

Me llevó meses e incluso años ir atando cabos hasta reconstruir parte de lo que le ocurrió a Víctor durante la semana en que para mí estuvo "desaparecido." Muchas personas ni siquiera podían expresar lo que habían vivido, tenían miedo de prestar testimonio, no soportaban los recuerdos. Sometida a presiones y sufrimientos tan espantosos, la gente perdió el sentido del tiempo e incluso del día de la semana en que se produjeron los hechos. Pero gradualmente, recogiendo testimonios de refugiados chilenos en el exilio que compartieron vicisitudes con Víctor y estuvieron con él en determinados momentos, he logrado reconstruir más o menos lo que soportó mientras yo le esperaba en casa.

Cuando en la mañana del 11 de septiembre llegó a la Plaza Italia, Víctor se enteró de que el centro de Santiago estaba acordonado por los militares, por lo que giró hacia el sur por Vicuña Mackenna y luego en dirección este por la Avenida Matta, dando un amplio rodeo para llegar al campus de la Universidad Técnica, situado al otro lado de la ciudad. Vio movimiento de tanques y tropas y oyó disparos y explosiones pero logró pasar. Cuando llegó al Departamento de Comunicaciones, se enteró de que a primera hora de la mañana la radio de la Universidad había sido tomada y desconectada por un contingente de hombres arreados de la cercana emisora naval de Quinta Normal. Debió de llegar a la misma hora en que estaban bombardeando el Palacio de La Moneda. Desde los edificios universitarios era posible ver los reactores Hawker Hunter y oír los proyectiles que estallaban al caer sobre La Moneda, donde Allende resistía, ver el humo que se elevaba de las ruinas del edificio que se consumía en el incendio. Después, Víctor, inquieto por nosotras, esperó su turno en una cola larga para llamarme por teléfono.

Aquella mañana había cerca de seiscientos alumnos y profesores en la Universidad Técnica. El Presidente Allende tendría que haber pronunciado allí un importante discurso para anunciar su decisión de celebrar un plebiscito nacional a fin de resolver por medios democráticos el conflicto que amenazaba al país.

Puesto que los primeros bandos militares aseguraban que quienes transitaran por las calles se exponían a ser abatidos por los disparos y que desde las primeras horas de la tarde entraría en vigor el toque de queda, el doctor Enrique Kirberg, Rector de la Universidad, negoció con los militares la autorización para que los encerrados en el edificio permanecieran allí toda la noche, por su propia seguridad, hasta que a la mañana siguiente se levantara el toque de queda. Eso fue lo acordado y se dieron órdenes para que todos permanecieran en el interior de los edificios de la Universidad. Probablemente fue entonces cuando Víctor me telefoneó por segunda vez. No me dijo que el campus estaba rodeado de tanques y soldados.

Me han contado que durante las largas horas de la noche, mientras escuchaban las explosiones y el pesado fuego de ametralladoras que retumbaba por todo el barrio, Víctor intentó elevar la moral de los que le rodeaban. Cantó y los hizo cantar con él. No tenían armas con que defenderse. Después Víctor intentó dormir un rato en la sala de profesores del viejo edificio de la Escuela de Artes y Oficios.

El tableteo de las ametralladoras se prolongó durante toda la noche. Algunas personas que intentaron salir de la Universidad al amparo de la oscuridad fueron abatidas en el acto, pero el ataque en serio sólo comenzó a primeras horas de la mañana siguiente, cuando los tanques dispararon sus cañones pesados contra los edificios, dañando la estructura de algunos, haciendo trizas las ventanas y destruyendo laboratorios, equipos, libros. No hubo disparos de respuesta, pues en el recinto no había armas.

Una vez que los tanques entraron en el recinto universitario, los soldados procedieron a reunir a todos, incluido el Rector, en un amplio patio que normalmente se utilizaba para practicar deportes.

Obligaron a todos a echarse al suelo, con las manos en la nuca, golpeándolos con las culatas de los fusiles y dándoles de patadas. Víctor estaba con los demás y tal vez fue a salir del edificio cuando se quitó de encima el carnet de identidad, con la esperanza de que no le reconocieran.

Luego de permanecer más de una hora en aquella posición, los hicieron formar en fila india y correr, con la manos siempre en la nuca, hasta el Estadio Chile, situado a seis manzanas de distancia.. Por el camino los sometieron a insultos, patadas y golpes.

Cuando estaban formados a la puerta del estadio, Víctor fue reconocido por uno de los suboficiales. "Tú eres ese maldito cantante ¿no?" dijo, al tiempo que golpeaba a Víctor en la cabeza, derribándole, y a continuación pateándole el vientre y las costillas. Víctor fue separado del contingente mientras entraban en el edificio y destinado a una tribuna especial, reservada para detenidos "importantes o peligrosos." Los amigos que le vieron desde lejos recuerdan la amplia sonrisa que les dirigió en medio del horror que estaban viviendo, una amplia sonrisa a pesar de que tenía la cara ensangrentada y una herida en la cabeza. Más tarde lo vieron ovillarse en los asientos, con las manos apretadas bajo las axilas, para protegerse del frío.

Es evidente que en algún momento de la mañana siguiente Víctor decidió tratar de abandonar su posición aislada y unirse a los otros presos. Otro testigo que aguardaba en el pasillo vio la siguiente escena: cuando Víctor empujó las puertas de vaivén para salir al pasillo, casi chocó con un oficial del ejército que parecía ser el segundo jefe del estadio. El militar había estado muy ocupado gritando órdenes por el micrófono y profiriendo amenazas. Era un hombre alto, rubio, bastante buen mozo y evidentemente disfrutaba con el papel que le habían asignado: se pavoneaba de un lado a otro. Algunos detenidos ya le habían apodado "El Príncipe."

En el momento que Víctor casi tropezó con él, el oficial dio muestras de reconocerle, sonrió irónicamente, imitó el acto de tocar la guitarra, rió y a continuación le pasó rápidamente el dedo por el cuello. Víctor permaneció sereno e hizo algún gesto de respuesta, pero el oficial grito: "¿Qué hace aquí este hijo de puta?" Llamó a los guardias, que le acompañaban y añadió: "No permitan que se mueva de aquí. Este me lo reservo."

Después Víctor fue trasladado al sótano, donde se le ve fugazmente en un pasillo, el mismo en que con tanta frecuencia se había preparado para cantar, ahora cubierto de sangre y tumbado en un suelo cubierto de orina y excrementos.

Por la noche le devolvieron a la parte principal del estadio y le dejaron con los demás presos. Apenas podía caminar, tenía la cara y la cabeza ensangrentadas y amoratadas, al parecer le habían roto una costilla y le dolía el vientre, donde le habían pateado. Los amigos le limpiaron la cara y procuraron que estuviera cómodo. Uno de ellos tenía un frasco pequeño de mermelada y algunas galletas. Los compartieron entre tres o cuatro, cogiendo la mermelada con los dedos y chupándoselos hasta que no quedó vestigio alguno.

Al día siguiente, viernes 14 de septiembre, los presos fueron divididos en grupos de alrededor de doscientos, preparándolos para trasladarlos al Estadio Nacional. Fue en ese momento cuando Víctor, ligeramente recuperado, preguntó a sus amigos si alguien tenía lápiz y papel, y comenzó a escribir su último poema.

Algunos de los hechos más horrorosos del golpe militar ocurrieron en el Estadio Chile durante aquellos primeros días, antes de que fuera visitado por la Cruz Roja, Amnistía Internacional y representantes de embajadas extranjeras. A pesar de los recursos legales y de peticiones de información realizadas por abogados, no he logrado averiguar el nombre de los oficiales que estuvieron al mando del Estadio Chile.

Durante días mantuvieron en esas condiciones a miles de prisioneros, prácticamente sin alimentos ni agua; les apuntaban constantemente con focos cegadores, hasta el punto de que perdieron toda noción del tiempo e incluso del día y de la noche; montaron ametralladoras alrededor de todo el estadio y las disparaban intermitentemente contra el techo o sobre la cabeza de los prisioneros; lanzaban órdenes y amenazas por los altavoces; el jefe era un hombre corpulento y sólo divisaron su silueta cuando advirtió que habían apodado "sierras de Hitler" a las ametralladoras porque podían partir a un hombre por la mitad... y lo harían si era necesario. Llamaban a los prisioneros de uno en uno y les hacían desplazarse de una parte a otra del estadio; era imposible descansar. La gente era golpeada con látigos despiadadamente y a culatazos. Un hombre que ya no pudo soportarlo más, se lanzó al vacío desde lo alto y encontró la muerte entre los prisioneros que estaban abajo. Otros sufrieron ataques de locura y fueron abatidos a balazos a la vista de todos.

Víctor garabateaba a toda prisa e intentaba registrar parte del horror al que se estaba dando rienda suelta en Chile, a fin de que el mundo lo supiera. Sólo podía prestar testimonio de su "pequeño rincón de la ciudad," donde estaban presas cinco mil personas, e imaginar lo que debía de estar ocurriendo en el resto de su país. Seguramente comprendió el monstruoso nivel de la operación militar, la precisión con que había sido preparada.

En las últimas horas de su vida, las raíces profundas de su infancia campesina lo llevaron a ver en los militares a "matronas" cuya llegada era la señal de los gritos del parto, lo que de niño le había parecido un sufrimiento insoportable. Ahora esas visiones se confundían con la tortura y la sádica sonrisa de "El Príncipe." Pero hasta en ese momento Víctor abrigaba esperanzas respecto al futuro, confianza en que a largo plazo el pueblo sería más fuerte que las bombas y las metralletas... y al llegar a los últimos versos — "¡Canto qué mal me sales/cuando tengo que cantar espanto," para los cuales ya tenía la música en su interior, lo interrumpieron. Un grupo de guardias fue a buscarlo y le separó de los que estaban a punto de ser trasladados al Estadio Nacional. Le pasó de prisa el papelito a un compañero sentado a su lado y éste, a su vez, lo escondió en el calcetín mientras se lo llevaban. Cada uno de los amigos intentó aprenderse de memoria el poema a medida que era escrito, para sacarlo consigo del estadio. No volvieron a ver a Víctor.

A pesar de que muchos fueron trasladados a otros campos de prisioneros, el Estadio Chile seguía lleno a tope pues constantemente llegaban nuevos contingentes de detenidos, tanto hombres como mujeres.

Cuento con otros dos atisbos fugaces de Víctor en el estadio, dos testimonios más: un mensaje para mí transmitido por alguien que estuvo a su lado algunas horas en los camarines convertidos en sala de tortura, un mensaje de amor hacia sus hijas y hacia mí. Luego fue, una vez más, insultado y golpeado, en público; al borde de la histeria y perdido el dominio de sí el oficial apodado "El Príncipe" le gritó: "¡Canta ahora si puedes, hijo de puta." Después de cuatro días de sufrimiento, la voz de Víctor sonó en el estadio para cantar un verso de "Venceremos," el himno de la Unidad Popular. A continuación fue golpeado y evacuado a rastras para someterle a la última etapa de su agonía.

El estadio de boxeo se encuentra a pocos metros de la principal linea ferroviaria del Sur, que, al salir de Santiago, atraviesa el barrio obrero de San Miguel, siguiendo la tapia que limita con el cementerio metropolitano. Fue allí donde a primeras horas de la mañana del domingo 16 de septiembre los habitantes de la población encontraron seis cadáveres que yacían en ordenada fila. Todos presentaban espantosas heridas y habían sido baleados con metralletas. Observaron los rostros intentando reconocer los cadáveres y súbitamente una de las mujeres exclamó "¡Este es Víctor Jara !" Era un rostro conocido y querido por ellos. Una de las mujeres incluso había tratado personalmente a Víctor, pues cuando él visitó la población para cantar, ella le invitó a su casa, a comer un plato de porotos. Mientras se preguntaban qué podían hacer apareció una furgoneta. Temerosa, la gente de la población se ocultó tras un muro, pero vio cómo un grupo de hombres vestidos de civil arrastraban los cadáveres tirando de los pies y los arrojaban al interior de la furgoneta. Desde allí el cuerpo de Víctor debió de ser trasladado al depósito municipal a título de cadáver anónimo, listo para desaparecer en una fosa común. Pero también fue reconocido por una de las personas que trabajaban allí.

Cuando más adelante me trajeron el texto del último poema de Víctor, supe que él quería dejar su testimonio, su único medio de resistir ahora al fascismo, de luchar por los derechos de los seres humanos y por la paz.

Estadio Chile

Víctor Jara

Somos cinco mil
en esta pequeña parte de la ciudad
Somos cinco mil
¿Cuántos seremos en total
en las ciudades y en todo el país?
Solo aquí
diez mil manos siembran
y hacen andar las fábricas.
¡Cuánta humanidad
con hambre, frío, pánico, dolor,
presión moral, terror y locura!
Seis de los nuestros se perdieron
en el espacio de las estrellas

Un muerto, un golpeado como jamas creí
se podría golpear a un ser humano
Los otros cuatro quisieron quitarse todos los temores
uno saltó al vacio,
otro golpeándose la cabeza contra el muro,
pero todos con la mirada fija de la muerte.
¡Qué espanto causa el rostro del fascismo!
Llevan a cabo sus planes con precisión artera
Sin importarles nada.
La sangre para ellos son medallas.
La matanza es acto de heroismo
¿Es este el mundo que creaste, dios mío?
¿Para esto tus siete días de asombro y trabajo?
en estas cuatro murallas solo existe un número
que no progresa,
que lentamente querrá más muerte.
Pero de pronto me golpea la conciencia
y veo esta marea sin latido,
pero con el pulso de las máquinas
y los militares mostrando su rostro de matrona
llena de dulzura.
¿Y México, Cuba y el mundo?
¡Qué griten esta ignominia!
Somos diez mil manos menos
que no producen.
¿Cuántos somos en toda la Patria?
La sangre del compañero Presidente
golpea más fuerte que bombas y metrallas
Así golpeará nuestro puño nuevamente

¡Canto que mal me sales
Cuando tengo que cantar espanto!
Espanto como el que vivo
como el que muero, espanto.
De verme entre tanto y tantos
momentos del infinito
en que el silencio y el grito
son las metas de este canto.
Lo que veo nunca vi,
lo que he sentido y que siento
hara brotar el momento...

Estadio Chile, septiembre de 1973

latido : battement
meta : but
brotar : pousser (plante)

ratificar: ratifier
aliento = haleine, souffle
reves : revers
tregua . trêve
humilde : humble, humilié
lazos : liens :
alzamiento : soulèvement
plegar : plier
escaso : rare
pabellón : pavillon
aliviar : alléger
allanar : aplatir
vejar : vexer
plantear un problema : poser un pb
dilación : retard
rehen = otage
soberano : souverain

Combatir Hasta el Final

Beatriz Allende

Plaza de la Revolución "José Martí"
La Habana, 28 de septiembre de 1973

No vengo a pronunciar un discurso, vengo sencillamente a decirle a este pueblo solidario y fraterno cómo fueron las horas que vivimos en el Palacio de la Moneda en la mañana del día 11 de septiembre.

Vengo a decirles a ustedes cuál fue la actitud, cuál fue la acción y cuál fue el pensamiento del compañero presidente Salvador Allende bajo el ataque de los militares traidores y fascistas.

El pueblo cubano, desde luego, conoce la realidad, pero en muchos otros países la campaña de mentiras levantadas por la junta fascista y secundada por las agencias del imperialismo norteamericano pretende correr una cortina sobre los hechos que ocurrieron en La Moneda, trinchera de combate del presidente Allende.

Vengo a ratificarles que el presidente de Chile combatió hasta el final con el arma en la mano. Que defendió hasta el último aliento el mandato que su pueblo le había entregado, que era la causa de la revolución chilena, la causa del socialismo.

El presidente Salvador Allende cayó bajo las balas enemigas como un soldado de la revolución, sin claudicaciones de ningún tipo, con la absoluta confianza, con el optimismo de quien sabe que el pueblo de Chile se sobrepondría a cualquier revés y que lucharía sin tregua hasta conquistar la victoria definitiva.

El cayó con invariable confianza en la fuerza de su pueblo, con plena conciencia del significado histórico que habría de tener su actitud al defender con su vida la causa de los trabajadores y de los humildes de su patria.

Pero hay algo más: Cuba y Fidel estuvieron presentes en sus palabras y en su corazón en aquellos instantes difíciles. Fuimos testigos de su lealtad hasta la muerte, de los lazos de profundo afecto que lo ataban a este pueblo, a su revolución y a su comandante en jefe, Fidel Castro.

Prácticamente todo el último mes que precedió al golpe del 11 de septiembre lo vivimos en guardia permanente. Apenas pasaba un día sin que surgieran rumores de alzamientos militares y de golpes de estado.

Esa mañana del martes 11 recibimos noticias inquietantes y supimos que el presidente Allende muy temprano había marchado hacia Palacio. Hacia allá nos dirigimos aún sin conocer la magnitud de lo que estaba ocurriendo.

Fue sólo en el trayecto hacia La Moneda, al tener que sortear en varias oportunidades las barreras de Carabineros, quienes en franca actitud hostil impedían el paso hacia la casa de gobierno, lo que nos hizo comprender la gravedad de la situación.

Logramos llegar a La Moneda aproximadamente faltando diez minutos para las nueve. En su interior estaba la guardia normal de Carabineros, los cuales tenían a su cargo la protección de Palacio. No obstante, antes de entrar al edificio habíamos visto a carabineros de los alrededores en plan de rendición o de plegarse al golpe.

En La Moneda confirmamos de inmediato que se trataba de un golpe de estado completo con la participación de las tres ramas de las

Fuerzas Armadas y Carabineros.

Dentro del edificio el clima era de actividad combativa, apoyaban al presidente un grupo mayor que lo habitual de compañeros de su seguridad personal, los cuales habían ocupado sus puestos de combate. Se había distribuido el escaso armamento pesado. Además, se integró un grupo del Servicio de Investigaciones que siempre trabajó en coordinación con los compañeros de seguridad personal.

Se encontraban también un grupo de ministros, subsecretarios, exministros, técnicos, personal de prensa y de radio. Estaban presentes médicos, enfermeros, personal de la planta administrativa de La Moneda, los que no quisieron abandonar el lugar, decidiéndose a combatir junto a Allende. Estaban, por último, sus colaboradores más cercanos. De todos éstos, once eran mujeres.

Al pasarle una de las numerosas llamadas telefónicas que se estaban recibiendo, lo vi por primera vez en ese día. Estaba sereno, escuchaba con tranquilidad las diferentes informaciones que se le entregaban y daba órdenes y respuestas que no admitían discusión.

Personalmente había recorrido ya y recorrería en varias ocasiones más los puestos de combate corrigiendo la posición de fuego de algunos compañeros.

Pronto se iniciaría el fuego de infantería, el ataque de los tanques y de la artillería golpista sobre el Palacio Presidencial. Nuestros compañeros respondían con sus armas.

Supimos que desde temprano los militares golpistas conminaban repetidamente al presidente para que se rindiera, pero él rechazó siempre en forma tajante e inapelable todos los ultimátums que le hicieron los golpistas.

Jamás le observamos dudar un solo instante. Por el contrario, siempre reafirmaba su decisión de combatir hasta el final y de no entregarse a los militares traidores, a los que ya llamaba por sus nombres: fascistas.

También supe que desde por la mañana había recibido visitas y continuaría recibiendo llamadas de los partidos de la Unidad Popular y del Movimiento de Izquierda Revolucionaria, manifestándoles sus decisiones de combatir.

Le llamó por teléfono en varias ocasiones uno de los generales traidores llamado Baeza. Supe también que le habían ofrecido un avión donde podía irse con su familia y colaboradores para el lugar donde él quisiera. El presidente les respondió que como generales traidores no podían conocer lo que era un hombre de honor, despidiéndolos, indignado, con tan fuertes palabras que no pudiéramos repetir aquí.

El presidente tomaba medidas para librar un combate largo, se desplazaba continuamente de un lugar a otro. Pidió se revisaran los lugares más seguros para proteger a los combatientes de los futuros bombardeos aéreos. Se informaba de la cantidad de alimentos y agua almacenada.

Impartió órdenes de que el grupo médico tuviese listo el pabellón quirúrgico para atender a los heridos. Designó a un compañero para que agrupara a las mujeres y llevarlas a un lugar seguro mientras se les convencía de que debían abandonar La Moneda.

Pidió que se quemara la documentación, incluso la personal, que pudiera comprometer a otros revolucionarios. Envió hacia el exterior a tres compañeros, dos de ellos mujeres, a cumplir una misión en favor de la futura resistencia.

Ya en aquellos momentos supimos que los carabineros destinados a la protección de Palacio se habían plegado a la junta fascista.

Pude después conversar un momento a solas con el presidente. Me dijo otra vez que iba a combatir hasta el final. Que para él estaba sumamente claro lo que iba a pasar, pero que tomaría las medidas para que el combate se librara de la mejor forma. Que iba a ser duro, en condiciones desventajosas. Sin embargo, agregó que era consciente de que ésa era la única actitud que le cabía como revolucionario, como presidente constitucional, defendiendo la autoridad que el pueblo le había entregado. Y al no rendirse ni entregarse jamás, dejaría en evidencia a todos los militares traidores y fascistas.

Manifestó su preocupación por las compañeras que estaban allí, por su hija Isabel. Que todas deberían salir del palacio y además preocuparnos de mamá, porque se estaba combatiendo en Tomás Moro y ella se encontraba allí.

Me dijo luego que se sentía en cierto modo aliviado de que este momento hubiese llegado, porque así las cosas quedaban definidas y quedaba liberado de la incómoda situación que lo había mortificado en los últimos tiempos, en que mientras era el presidente de un gobierno popular, por otro lado las Fuerzas Armadas, valiéndose de la llamada Ley de Control de Armas, venían reprimiendo a los obreros, allanando industrias y vejando a sus trabajadores. Esto ya me lo había dicho antes.

Su presencia de ánimo era extraordinaria, con gran disposición de combatir. En sus palabras se reflejaba la serena visión de los acontecimientos y del rumbo que necesariamente habría de tomar la lucha revolucionaria.

Planteó que lo importante era la conducción política futura. Asegurar una dirección unitaria de todas las fuerzas revolucionarias; que los trabajadores iban a necesitar una conducción política unitaria. Que por eso él no deseaba allí sacrificios estériles e inútiles; que habría que esforzarse por lograr esa dirección política unitaria que encabezara la resistencia que comenzaba ese día, y que para ella se necesitaría una acertada conducción política.

Prácticamente esto mismo les planteó a los ministros y colaboradores, a los cuales reunió en el Salón Toesca. Les reiteró una vez más su decisión de defender con su vida la autoridad presidencial. Agradeció la colaboración de ellos durante esos tres años, ordenando a los hombres que estuvieran armados a retomar un puesto de combate, y a los que estaban desarmados, que lo ayudaran, primero a convencer a las mujeres que debían abandonar La Moneda, y luego hacerlo ellos, porque no quería sacrificios inútiles, cuando lo importante iba a ser la organización y la dirección de la clase trabajadora.

Allí fue la última vez que vi a uno de sus amigos y colaboradores más cercanos, el amigo de la revolución cubana, el compañero periodista Augusto Olivares, quien iba arma en mano a ocupar su posición de fuego.

Las mujeres y otros compañeros pasamos los últimos ratos cerca del pabellón quirúrgico y en el único pequeño local subterráneo, donde se almacenaba papel. El presidente llegó hasta allí con su casco militar verde olivo. Empuñaba un fusil automático AK que le había regalado el comandante Fidel con la leyenda: "A mi compañero de armas."

Se avecinaba el bombardeo aéreo. Los aviones pasaban haciendo vuelos rasantes. En forma enérgica nos ordenó, sin más dilación, que las compañeras deberían abandonar de inmediato el palacio. Se fue dirigiendo a cada una de nosotras en forma individual explicándonos el porqué seríamos más útiles afuera y del compromiso revolucionario a cumplir.

Volvió a plantear que lo importante era la organización, la unidad y la conducción política de su pueblo.

A mi me reprochó que estuviera ahí con este embarazo, que mi deber era irme junto a los compañeros de la embajada de Cuba. Me hizo saber que había sufrido como en carne propia las provocaciones y agresiones de que habla sido víctima la representación diplomática cubana en los últimos meses. Que creía que ese día iban a ser provocados, que podría haber combate. Y que por eso debería estar junto a ellos.

Personalmente nos condujo hacia la puerta de salida por la calle Morandé. Ahí tomó la decisión de pedir un alto al fuego y un jeep militar para que las compañeras pudieran salir sin problema. Minutos antes había barajado la posibilidad de que nos tomaran como rehenes para exigirle una vez más su rendición. Pero nos dijo que de ser capaces de hacer eso, no lo harían vacilar; que, al contrario, ésta sería una prueba más ante el pueblo chileno y el mundo entero hasta dónde llegaba la traición y el deshonor del fascismo y que esto sería para él un motivo más para combatir.

Así lo dejamos justo antes de iniciarse el bombardeo aéreo, combatiendo junto a un pequeño grupo de revolucionarios, donde también quedaba, una compañera que se ocultó para combatir con ellos. Y ésta es, compañeros, la imagen que conservo del presidente; ésta es la imagen, queridos hermanos de Cuba, que quisiera hoy dejar en la mente y en el corazón de cada uno de ustedes.

Imagen que se levanta con orgullo revolucionario en esta plaza, donde hace sólo unos meses alzó su voz emocionada para traerles el mensaje solidario y agradecido de nuestra patria, de nuestros trabajadores, de sus niños, mujeres y ancianos.

En este acto solidario con Chile quisiera decirles lo que me pidió les trasmitiera a ustedes.

Me lo confió en La Moneda bajo el combate: dile a Fidel que yo cumpliré con mi deber.

Dile que hay que lograr la mejor conducción politica unitaria para el pueblo de Chile.

Señaló que se iniciaba ese día una larga resistencia y que Cuba y los revolucionarios tendrían que ayudarnos en ella.

Hoy, desde este territorio libre en América, podemos decirle al compañero presidente: tu pueblo no claudicará, tu pueblo no plegará la bandera de la revolución; la lucha a muerte contra el fascismo ha comenzado y terminará el día en que tengamos el Chile libre, soberano, socialista por el que combatiste y entregaste tu vida.

Compañero presidente ¡venceremos!

Sepan lo sepan lo sepan

Pablo Neruda

Ay la mentira que vivimos
fue el pan nuestro de cada día.
Señores del siglo veintiuno,
es necesario que se sepa
lo que nosotros no supimos,
que se vea el contra y el por,
porque no lo vimos nosotros,
y que no coma nadie más
el alimento mentiroso
que en nuestro tiempo nos nutría.

Fue el siglo comunicativo
de las incomunicaciones:
los cables debajo del mar
fueron a veces verdaderos
cuando la mentira llegó
a tener mayor latitud
y longitudes que el océano:

los lenguajes se acostumbraron
a aderezar el disimulo,
a sugerir las amenazas,
y las largas lenguas del cable
enrollaron como serpientes
el mentidero colosal
hasta que todos compartimos
la batalla de la mentira
y después de mentir corriendo
salimos mintiendo a matar,
llegamos mintiendo a morir.

Mentíamos con los amigos
en la tristeza o el silencio
y el enemigo nos mintió
con la boca llena de odio.

Fue la edad fría de la guerra.

La edad tranquila del odio.

Una bomba de cuando en cuando
quemaba el alma de Viet Nam.

Y Dios metido en su escondite
acechaba como una araña
a los remotos provincianos
que con soñolienta pasión
caían en el adulterio.

aderezar: parer, orner
acechar: guetter
remoto: lointain, éloigné
metido en: bien en...

area: tâche, travail
soberbio: superbe
quiebra: faillite
manejos: manigance
enfrentar: opposer, affronter
desempleo: chômage
gremio: corporation
vislumbrar: entrevoir
custodia: surveillance, garde
acudir: aller, se rendre
rehusar: refuser

recorrer: parcourir
rabioso: rageux
agotar: épuiser
derribar: démolir, abattre
pertrechos: munitions
arder: brûler
arrastrar: traîner, entraîner
hazaña: exploit

Sobre el Golpe de Estado en Chile

Fidel Castro

Plaza de la Revolución "José Martí"
La Habana, 28 de septiembre de 1973

Hace apenas diez meses, el 13 de diciembre de 1972, en esta misma plaza nuestro pueblo tuvo el último encuentro con el presidente Allende. Cientos de miles de cubanos se reunieron con él en esta plaza para escuchar sus magníficas palabras y para expresar nuestra confianza, nuestras simpatías y nuestro apoyo al presidente Allende y al proceso revolucionario de Chile; para expresar nuestra decisión de apoyarlo en la medida de nuestras fuerzas, demostrada en aquella ocasión con un gesto que nosotros sabemos que caló profundamente en el corazón del presidente Allende, que fue aquella decisión de quitarnos un poco de nuestro propio alimento para enviárselo al pueblo chileno.

Recordamos cuán feliz se sentía el presidente en aquellos breves días en que nos visitó, porque se sentía entre amigos, se sentía entre verdaderos hermanos, se sentía en familia.

Profunda impresión le causó aquel recibimiento multitudinario, a pesar de la hora, a pesar de que el pueblo se había movilizado para recibirlo por la mañana, cambió la hora de llegada, y aun de noche las calles de nuestra ciudad se llenaron del entusiasmo de nuestros hombres y mujeres para recibirlo, para saludarlo, y para vitorearlo.

Podríamos decir que en los tres años de intenso esfuerzo, de gran tensión, en el gobierno, aquellos tres o cuatro días fueron para él como un sedativo.

Y todos recordamos cómo en aquella visita, en su carácter de presidente de la República de Chile, no olvidó a nadie, no dejó de visitar a ningún amigo. Hombre profundamente humano, encontró tiempo para recorrer todos aquellos lugares donde había estado, donde había residido en sus numerosas visitas a nuestra patria cuando, todavía no era presidente de Chile. Y a todos los compañeros que lo atendieron alguna vez fue a verlos, a darles las gracias y a expresarles su reconocimiento.

Ésa es la imagen que nosotros recordamos de aquel hombre humano, de aquel hombre decente, de aquel hombre honrado, de aquel hombre firme, de aquel amigo leal que fue el presidente Salvador Allende.

Y en esta misma plaza nos dio la convicción de que él sabría comportarse revolucionariamente en las horas críticas, y en esta misma plaza nos dijo que a la violencia contrarrevolucionaria, el pueblo chileno respondería con la violencia revolucionaria!

La figura del presidente Allende y el proceso revolucionario chileno despertaron profundas simpatías e interés en todo el mundo.

En Chile se desarrollaba por primera vez en la historia una experiencia nueva: el intento de llevar a cabo la revolución por las vías pacíficas, por los caminos legales. Y en ese esfuerzo encontró la compresión y el apoyo de todo el mundo, no sólo del movimiento comunista internacional, sino de muy diferentes tendencias políticas. Digamos que encontró el reconocimiento incluso de aquellos que no eran marxista-leninistas.

Y nuestro partido, nuestro pueblo — a pesar de que nosotros habíamos hecho la revolución por caminos diferentes — y todos los pueblos revolucionarios del mundo le dieron el apoyo. Nosotros no vacilamos en un solo instante, porque comprendíamos que en Chile se daba la posibilidad de obtener un triunfo electoral, a pesar de todos los recursos del imperialismo y de las clases dominantes, a pesar de todas las circunstancias adversas. Y no vacilamos en el año 1970 en exponer públicamente nuestra comprensión y nuestro apoyo al esfuerzo que la izquierda chilena realizaba para triunfar en las elecciones de aquel año.

Y se produjo efectivamente una victoria electoral. La izquierda, la Unidad Popular, con su programa social y político, obtuvo un triunfo en las urnas.

Claro que aquello no significaba el triunfo de una revolución; significaba el acceso a importantísimas posiciones de poder por las vías legales y pacíficas.

No era, sin embargo, una tarea fácil la que tenía delante el presidente Allende. Desde el primer instante se iniciaron las conspiraciones. Se trató de evitar su ascenso a la Presidencia después de las elecciones. El imperialismo y sus agencias — la CIA y las compañías multinacionales — conspiraron para evitar que Salvador Allende fuera presidente de la república. Incluso asesinaron al jefe del Ejército de Chile para impedirlo.

El propio, presidente Frei, hombre soberbio y profundamente reaccionario, no se resignaba a que Salvador Allende ocupara la Presidencia de la República, como lo, había determinado el voto popular. Pero a pesar de todas esas conspiraciones, a pesar de los esfuerzos del imperialismo, Salvador Allende, en nombre de la Unidad Popular, tomó posesión de la Presidencia de la República.

Pero, ¿con qué problemas se encontró? Se encontró, en primer lugar, con que el aparato estatal burgués estaba intacto; se encontró con unas Fuerzas Armadas que se llamaban apolíticas, institucionales, es decir, aparentemente neutras en el proceso revolucionario; se encontró con aquel parlamento burgués, donde una mayoría de sus miembros respondía a las clases dominantes; se encontró con un sistema judicial que respondía por entero a los reaccionarios. Y dentro de aquellas circunstancias se veía obligado a realizar sus tareas de gobierno. Pero se encontró también con que la economía del país estaba totalmente en quiebra, con que el estado chileno debía cuatro mil millones de dólares.

Esas enormes deudas eran consecuencia de la política imperialista, eran consecuencia de los manejos de Estados Unidos, tratando de crear una vitrina con el gobierno de la Democracia Cristiana para enfrentar y frenar el avance del movimiento social.

Le concedieron a Chile enormes créditos cuando Frei era presidente. Pero no créditos para desarrollar el país, sino créditos para gastos suntuarios: para comprar automóviles, para comprar televisores, refrigeradores, y todo tipo de artículos suntuarios, que dieran una imagen de progreso y de bienestar durante el gobierno de la Democracia Cristiana.

El presidente Allende se encontró con un país terriblemente endeudado; un país donde el imperialismo había introducido sus costumbres, sus hábitos de consumo; un país donde los medios de divulgación masivos — la prensa, la televisión y la radio — estaban en manos de la oligarquía y de la reacción. Y además, coincidiendo con un instante en que el precio del cobre bajaba de 75 centavos a 48 centavos la libra.

Pero como además había urgentísimas necesidades populares que atender, puesto que existía un enorme desempleo, y era necesario buscar solución al problema de los desempleados, y era necesario atender las necesidades más urgentes del pueblo, las demandas más sentidas de la población, el gobierno de la Unidad Popular se encontró con enormes obstáculos económicos en su camino.

Cuando comenzaron a aplicar la reforma agraria, los latifundistas y los burgueses agrarios se dieron de inmediato a la tarea, de sabotear la producción agrícola. Los burgueses, propietarios de los centros de distribución, propietarios de los almacenes, y propietarios de las tiendas, se dieron a la tarea de acaparar las mercancías y sabotear al gobierno de la Unidad Popular.

El imperialismo, tan pronto se aprobó la nacionalización de las empresas de cobre — empresas que eran propiedades yanquis: empresas que habían extraído miles y miles de millones del trabajo y del sudor del pueblo chileno — inmediatamente congeló todos los créditos de todos los organismos internacionales al gobierno chileno, y se dió a la tarea de asfixiar la economía de Chile.

Esas fueron las enormes dificultades que el presidente Allende se encontró al llegar al poder.

Los partidos políticos burgueses, esencialmente el Partido Nacional y el Partido Demócrata Cristiano, orientado por una dirigencia reaccionaria, se dieron a la tarea, en complicidad con el imperialismo y con las clases reaccionarias y con la prensa reaccionaria, de obstaculizar por todos los medios la gestión del presidente Allende. Y virtualmente no lo dejaban gobernar; virtualmente mantenían al gobierno con las manos atadas, para impedir su gestión.

Esos tres años de gobierno de la Unidad Popular fueron realmente tres años de lucha, de dificultades, de agonía, para poder llevar adelante el programa. Y junto a eso, unas Fuerzas Armadas — repito — que se llamaban apolíticas e institucionales. Fueron tres años de conjura tras conjura, de conspiración tras conspiración. Las clases dominantes reaccionaron como era de esperarse, ellas y sus partidos. Los gremios de propietarios, de comerciantes, e incluso gremios de profesionales, integrados por ese tipo de profesional que nosotros conocimos aquí, en su mayoría al servicio de las clases dominantes, sabotearon las tareas del gobierno: decretaban paros y huelgas con carácter indefinido, y más de una vez paralizaron el país.

Y no sólo eso, sino que hacían constantes llamados a las Fuerzas Armadas para derrocar al gobierno de Unidad Popular.

Y en medio de esas enormes dificultades se realizaba la gestión del presidente Allende. Y en medio de es dificultades trató de hacer e hizo muchas cosas por pueblo chileno. Y al menos en estos tres años el pueblo chileno, en especial sus obreros y sus campesinos comprendieron que allí, en la Presidencia de la República, no estaba un representante de los oligarcas, los terratenientes y de los burgueses, sino un representante de los humildes, de los trabajadores: ¡un verdadero representante del pueblo, que luchaba por él, a pesar de las enormes dificultades que tenía delante!

El presidente Allende comprendía las dificultades — y vislumbraba los peligros; veía nacer el fascismo, veía sucederse las conspiraciones unas tras otras. Y frente a aquel conjunto de fuerzas creadas y alentadas por el imperialismo, sólo le quedaba aquella disposición de ánimo, aquella decisión de defender el proceso al precio de su propia vida.

Recordamos aquella tarde en un estadio de la ciudad de Santiago, donde se efectuaba un acto; de despedida a la delegación cubana, y las palabras que en esa ocasión, de manera terminante y categórica, expresó el presidente. Fue el 4 de diciembre de 1971:

"...Se los digo con calma, con absoluta tranquilidad: yo no tengo pasta de apóstol ni tengo pasta de Mesías. No tengo condiciones de mártir. Soy un luchador social que cumple una tarea, la tarea que el pueblo me ha dado. Pero que lo entiendan aquellos que quieren retrotraer la historia y desconocer a la voluntad mayoritaria de Chile: sin tener carne de mártir, no daré un paso atrás. Que lo sepan: dejaré La Moneda cuando cumpla el mandato que el pueblo me diera.

"Que lo sepan, que lo oigan, que se les grabe profundamente: defenderé esta revolución chilena y defenderé el gobierno popular, porque es el mandato que el pueblo me ha entregado. No tengo otra alternativa. Sólo acribillándome a balazos podrán impedir la voluntad que es hacer cumplir el programa del pueblo."

[...]Pero aquellas palabras no eran simple retórica. Aquellas palabras demostraban la voluntad y la decisión de un hombre de honor.

¡Y Salvador Allende cumplió su palabra en forma dramática e impresionante!

Los fascistas han tratado de ocultar al mundo lo que ocurrió el 11 de septiembre. Nosotros, reuniendo el testimonio de los que estuvieron con el presidente aquella mañana y reuniendo los datos de algunos sobrevivientes, hemos reconstruido lo que ocurrió el 11 de septiembre alrededor del presidente Allende, y lo vamos a exponer aquí en el día de hoy, en forma breve y sintética. Una parte de esos hechos la hemos escuchado de labios de su propia hija en la tarde de hoy, que nos expresó con claridad todo lo que ella vivió aquella mañana junto a su padre, y que reflejaban esencialmente el aspecto humano del presidente Allende, su preocupación por los compañeros que estaban desarmados, su preocupación por las mujeres que podían morir allí inútilmente, consciente de la necesidad de que la lucha futura dispusiera de conductores y dispusiera de cuadros. ¡Y cuánta razón tenía!

Si la compañera Beatriz Allende hubiese muerto aquel día en el Palacio de la Moneda, este millón de personas, y la opinión pública internacional, no habrían tenido la oportunidad de conocer aquellos gestos, aquellas preocupaciones, aquellas inquietudes, sobre todo la inquietud por la unidad de las fuerzas revolucionarias, aquel llamado a la unión, aquellos sentimientos y aquella inquebrantable decisión de luchar hasta morir del presidente Allende defendiendo su justa causa.

Hemos podido conocer por sus palabras cuál fue la actitud y la disposición de ánimo del presidente Allende aquel día.

Nosotros nos vamos a referir esencialmente al carácter de combatiente y de soldado de la revolución del presidente Allende el 11 de septiembre.

A las 6 y 20 de la mañana de ese día, el presidente recibió una llamada telefónica en su residencia de Tomás Moro informándole del golpe militar en desarrollo. De inmediato pone en estado de alerta a los hombres de su guardia personal y toma la firme decisión de trasladarse al Palacio de La Moneda para defender, desde su puesto de presidente de la república, al gobierno de la Unidad Popular. Lo acompaña una escolta de 23 hombres, armados con 23 fusiles automáticos, dos ametralladoras calibre 30 y 3 bazucas, que se traslada con el presidente en cuatro automóviles y una camioneta al Palacio Presidencial, donde llegan a las 7 y 30 de la mañana.

Portando su fusil automático, el presidente, acompañado por la escolta, penetró por la puerta principal de La Moneda. A esa hora la protección habitual de carabineros se mantenía normal en el palacio.

Ya en el interior se reunió con los hombres que lo acompañaban, les informó de la gravedad de la situación y su decisión de combatir hasta la muerte defendiendo al gobierno constitucional, legítimo y popular de Chile frente al golpe fascista, analizó los efectivos disponibles y dictó las primeras instrucciones para la defensa de Palacio.

Siete miembros del Cuerpo de Investigaciones arribaron para sumarse a los defensores. Las postas de carabineros, mientras tanto, se mantenían en sus puestos y algunos adoptaban medidas para la defensa del edificio. Un pequeño grupo de la escolta personal custodia la entrada del despacho presidencial con instrucciones de no dejar pasar ningún militar armado, para evitar una traición.

En el espacio de una hora se dirige tres veces por radio al pueblo expresando su voluntad de resistir.

Pasadas las 8 y 15, por los citófonos de Palacio la junta Fascista conmina al presidente a la rendición y la renuncia de su cargo, ofreciéndole un transporte aéreo para abandonar el país en compañía de sus familiares y colaboradores. El presidente les responde que "como generales traidores que son no conocen a los hombres de honor," y rechaza indignado el ultimátum.

El presidente sostiene en su despacho una breve reunión con varios altos oficiales del Cuerpo de Carabineros que habían acudido al Palacio, los cuales rehúsan cobardemente en aquel instante defender al gobierno. El presidente los reprocha duramente y los despide con desprecio, conminándolos a que abandonen de inmediato el lugar. Mientras se efectuaba esta reunión con los jefes de Carabineros llegaron los tres edecanes militares; el presidente les expresa que no era momento para confiar en los uniformados y les pide que se retiren de La Moneda. No obstante, el presidente se despide con afecto del comandante Sánchez, que había sido su eficiente edecán por la Fuerza Aérea durante varios años.

Minutos después de retirarse los edecanes y los altos oficiales de los Carabineros, el teniente jefe a cargo de la Guarnición de Carabineros del Palacio Presidencial, obedeciendo órdenes de su jefatura, instruye a un carabinero que recorra el edificio impartiendo la orden de retirarse a los miembros de la guarnición, los cuales comienzan de inmediato a abandonar La Moneda, llevándose parte de su armamento. Lo mismo hacen los carros blindados de Carabineros, que hasta ese instante estaban en posiciones de defensa del palacio.

Un grupo de diez carabineros, acompañados del portador de la orden de retirada y cumpliendo, sin duda, instrucciones, cuando se retiraban por la escalera principal y ya próximos a la salida, vuelven sus fusiles intentando disparar contra el presidente, siendo enérgicamente riposteados por el personal de la escolta. Son éstos los primeros disparos que se cruzan con los golpistas.

Mientras estos hechos ocurrían, numerosos ministros, subsecretarios, asesores, las hijas del presidente, Beatriz e Isabel, y otros militantes de la Unidad Popular, van arribando al palacio para estar junto al presidente en esas horas críticas.

A las 9 y 15 de la mañana aproximadamente, se realizan las primeras descargas desde el exterior contra Palacio. Tropas fascistas de infantería, en número superior a doscientos hombres, avanzaban por las calles de Teatinos y Morandé, a ambos lados de la Plaza de la

Constitución, hacia el Palacio Presidencial, disparando contra el despacho del presidente. Las fuerzas que defendían el palacio no pasaban de cuarenta hombres. El presidente ordena abrir fuego contra los atacantes y dispara él personalmente contra los fascistas, que retroceden desordenadamente con numerosas bajas.

Los fascistas introducen entonces los tanques en el combate apoyados por infantería. Un tanque avanza por la calle Moneda, otro por Teatinos, otro por Alameda con Morandé y otro en dirección de la puerta principal por la Plaza Constitución. En ese instante, desde el propio despacho del presidente se abrió fuego de bazuca contra el tanque que estaba junto a la puerta principal, que fue totalmente destruido. Otros dos tanques concentran su fuego sobre el gabinete del presidente y un carro blindado dispara sus ametralladoras hacia la Secretaria Privada y la oficina de escoltas. Varias piezas de artillería, situadas por el lado de la Plaza de la Constitución disparan también contra Palacio. El presidente recorre las distintas posiciones de combate lentando y dirigiendo a los defensores. La lucha violenta se prolonga más de una hora, sin que los fascistas logren avanzar una pulgada.

A las 10 y 45 el presidente reúne en el Salón Toesca a los ministros, subsecretarios y asesores que habían acudido a Palacio para estar junto a él, y les expresa que la lucha en el futuro necesitaría de conductores y cuadros, que todos los que estaban desarmados debían abandonar La Moneda en la primera ocasión posible y todos los que tenían armas debían continuar en sus puestos de combate. Naturalmente que ninguno de los colaboradores que carecían de armas estuvo de acuerdo con esta tesis del presidente; tampoco las hijas del presidente y demás mujeres que se encontraban en La Moneda, se resignaban a abandonar el palacio.

El combate prosiguió violento. Por los citófonos de Palacio los fascistas lanzan rabiosamente nuevos ultimatums, anunciando que si los defensores no se rinden emplearían de inmediato la Fuerza Aérea.

A las 11 y 45 el presidente se reúne con las hijas y restantes mujeres que en número de nueve se encontraban en el palacio, ordenándoles con toda firmeza que debían abandonar La Moneda, pues consideraba que no tenía sentido que murieran allí indefensas. Y de inmediato solicitó de los sitiadores una tregua de tres minutos para evacuar el personal femenino. Los fascistas no conceden la tregua, pero sus tropas comenzaban en esos instantes a retirarse de los alrededores de Palacio, para llevar a cabo el ataque aéreo, lo que produjo un impasse en el combate que permitió la salida de las mujeres.

A las 12 aproximadamente comienza el ataque de la aviación. Los primeros *rockets* cayeron en el Patio de Invierno que está en el centro, de La Moneda, perforando los techos y estallando en el interior de las edificaciones. Nuevas oleadas de aviones y nuevos impactos se suceden unos tras otros, inundando de humo y de aire tóxico todo el edificio. El presidente da órdenes de recolectar todas las máscaras antigases, se interesa por la situación del parque y exhorta a los combatientes a resistir firmemente el bombardeo.

El parque de los fusiles automáticos de la guardia personal del presidente se estaba agotando después de casi tres horas de combate, por lo que el presidente ordenó derribar de inmediato la puerta de la armeria de la Guarnición de Carabineros del palacio, donde podía encontrarse parte del armamento de aquélla. Al impacientarse por la tardanza de la información sobre dichas armas, él mismo, cruzando el Patio de Invierno se dirigió a la armería y observando que se demoraban en derribar la puerta ordenó que se emplearan granadas de mano en la operación, lográndose abrir un boquete en el cuarto de armas, de donde extrajeron cuatro ameralladoras calibre 30 y numerosos fusiles Sik, gran cantidad de parque, máscaras antigases y cascos. El presidente ordena que todo se lleve de inmediato a los puestos de combate y personalmente recorre los dormitorios de los carabineros, recogiendo fusiles Sik y otros armamentos que allí quedaban. El propio presidente cargó sobre sus hombros numerosas armas para reforzar los puestos de combate, exclamando: "Así se escribe la primera página de esta historia. Mi pueblo y América escribirán el resto," lo que produjo profunda emoción en todos los que lo acompañaban.

Mientras el presidente transportaba pertrechos desde la armería, de nuevo se reanuda el ataque aéreo con violencia. Una explosión quebró cristales próximos al sitio donde se encontraba el presidente, lanzando fragmentos de vidrio que lo hieren por la espalda. Fue ésta la primera herida que sufrió. Mientras recibía atención médica ordenó que continuara el traslado de las armas, y no cesaba de preocuparse por la suerte de cada uno de los compañeros.

Minutos después los fascistas reanudan violentamente el ataque, combinando la acción de la Fuerza Aérea con la artillería, los tanques y la infantería: Según los testigos presenciales, el ruido, la metralla, las explosiones, el humo y el aire tóxico convirtieron al palacio en un infierno. No obstante la instrucción dada por el presidente de que se abrieran todos los grifos y llaves de agua para evitar el incendio de la planta baja, el palacio comienza a arder por el ala izquierda y las llamas se propagan hacia la Sala de los Edecanes y el Salón Rojo. Pero el presidente, que no se desalentó un solo instante, ni en los momentos más críticos, ordena hacer frente al ataque masivo con todos los medios disponibles.

Tuvo lugar entonces una de las mayores proezas del presidente. Mientras el palacio estaba envuelto en llamas se arrastró bajo la metralla hasta su gabinete, frente a la Plaza Constitución, tomó personalmente una bazuca, la dirigió contra un tanque situado en la calle Morandé — que disparaba furiosamente contra Palacio — y lo puso fuera de combate con un impacto directo. Instantes después otro combatiente pone fuera de acción un tercer tanque.

Los fascistas introducen nuevos carros blindados, tropas y tanques por la calle Morandé 80, intensificando el fuego por la puerta de acceso a La Moneda, mientras el palacio continuaba ardiendo. El presidente desciende a la planta baja con varios combatientes para repeler el intento de los fascistas de penetrar al interior del palacio desde la calle Morandé, rechazándolo. Los fascistas suspenden entonces el fuego en ese sector y piden a gritos dos representantes del gobierno con carácter de parlamento. El presidente envía a Flores, secretario general de Gobierno y a Daniel Vergara, subsecretario del Interior, quienes salen por la puerta de la calle Morandé y se dirigen a un *jeep* militar que se encontraba enfrente. Esto tenía lugar aproximadamente a la una de la tarde. Flores y Vergara conversan con un alto oficial que se encontraba en dicho *jeep*. Al regresar a Palacio y ya próximo a la entrada, desde el mismo *jeep* les disparan a traición, recibiendo Flores un impacto en la pierna derecha y Daniel Vergara varios disparos por la espalda, que lo abatieron, siendo recogido por sus compañeros bajo el fuego protector de otros defensores.

Los fascistas habían pedido el parlamento para exigir de nuevo la rendición, ofreciendo facilidades al presidente y los defensores para abandonar Palacio y dirigirse al destino que escogieran. El presidente reiteró de inmediato su decisión de combatir hasta la última gota de sangre, interpretando no sólo su deseo, sino el de todos los heroicos defensores de Palacio. Desde la planta baja resistieron las embestidas procedentes de Morandé, mientras la entrada principal de Palacio estaba ya prácticamente destruida.

Próximo a la 1 y 30, el presidente sube a inspeccionar las posiciones de la planta superior. A estas alturas numerosos defensores habían perecido por la metralla, las explosiones o calcinados por las llamas. El periodista Augusto Olivares asombró a todos por su comportamiento extraordinariamente heroico. Habiendo sido herido grave, fue atendido y operado en sala médica de Palacio, y cuando todos lo suponían, yaciendo en una cama, con él arma en la mano ocupó de nuevo su puesto de combate en él segundo piso junto al presidente. Sería prolijo enumerar aquí los nombres y los actos de heroismo de los combatientes que allí se destacaron.

Pasada la 1 y 30 los fascistas se apoderan de la planta baja de Palacio, la defensa se organiza en la planta alta y prosigue cl combate. Los fascistas tratan de irrumpir por la escalera principal. A las 2 aproximadamente logran ocupar un ángulo de la planta alta. El presidente estaba parapetado, junto a varios de sus compañeros, en una esquina del Salón Rojo. Avanzando hacia el punto de irrupción de los fascistas recibe un balazo en el estómago que lo hace inclinarse de dolor, pero no cesa de luchar; apoyándose en un sillón continúa disparando contra los fascistas a pocos metros de distancia, hasta que un segundo impacto en el pecho lo derriba y ya moribundo es acribillado a balazos.

Al ver caer al presidente, miembros de su guardia personal contratacan enérgicamente y rechazan de nuevo a los fascistas hasta la escalera principal. Se produce entonces, en medio del combate, un gesto de insólita dignidad: tomando el cuerpo inerte del presidente lo conducen hasta su gabinete, lo sientan en la silla presidencial, le colocan su banda de presidente y lo envuelven en una bandera chilena.

Aun después de muerto su heroico presidente, los inmortales defensores del palacio resistieron durante dos horas más las salvajes acometidas fascistas. Sólo a las cuatro de la tarde, ardiendo ya durante varias horas el Palacio Presidencial se apagó la última resistencia.

Muchos se asombrarán de lo que aquí se acaba de narrar. Y así es, sencillamente asombroso. La alta oficialidad fascista de los cuatro cuerpos armados se había levantado contra el gobierno de la Unidad Popular y sólo cuarenta hombres resistieron durante siete horas el grueso de la artillería, los tanques, la aviación y la infantería fascista. Pocas veces en la historia se escribió semejante página de heroismo.

El presidente no sólo fue valiente y firme en cumplir su palabra de morir defendiendo la causa del pueblo, sino cue se creció en la hora decisiva hasta límites increíbles. La presencia de ánimo, la serenidad, el dinamismo, la capacidad de mando y el heroismo que demostró, fueron admirables. Nunca en este continente ningún presidente protagonizó tan dramática hazaña. Muchas veces el pensamiento inerme quedó abatido por la fuerza bruta. Pero ahora puede decirse que nunca la fuerza bruta conoció semejante resistencia, realizada en el terreno militar por un hombre de ideas, cuyas armas fueron siempre la palabra y la pluma.

Salvador Allende demostró más dignidad, más honor, más valor y más heroísmo que todos los militares fascistas juntos. Su gesto de grandeza incomparable, hundió para siempre en la ignominia a Pinochet y sus cómplices…

Los fascistas han tratado de ocultar al pueblo de Chile y al mundo este comportamiento extraordinariamente heroico del presidente Allende. Para ello han tratado de enfatizar la versión del suicidio.

Pero incluso si Allende, herido grave, para no caer prisionero del enemigo hubiese disparado contra si mismo, ése no sería un demérito sino que habría constituido un gesto de extraordinario valor…

Después de muerto el presidente Allende han tratado de lanzar lodo sobre su limpia figura, de una forma baja, innoble y ruin.

¡Pero qué puede esperarse de los fascistas! Incluso han sacado a relucir el fusil con que combatió Allende, el fusil automático que nosotros le obsequiamos, trataron de hacer propaganda burda y ridícula con eso. ¡Pero los hechos han demostrado que ningún obsequio mejor al presidente Allende que ese fusil automático para defender al gobierno de la Unidad Popular!

Fue mucha la razón y la premonición que tuvimos al obsequiarle ese fusil al presidente. ¡Nunca un fusil fue empuñado por manos tan heroicas de un presidente constitucional y legítimo de su pueblo! ¡Nunca un fusil defendió mejor la causa de los humildes la causa de los trabajadores y los campesinos chilenos! ¡Y si cada trabajador y cada campesino hubiesen tenido un fusil como ése en sus manos, no habría habido golpe fascista!

Esa es la gran lección que se desprende para los revolucionarios de los acontecimientos chilenos.

Pero no sólo han sacado a relucir el fusil. Días atrás, publicaron una carta que nosotros envíamos a fines de julio al presidente Allende. Pero son sucios los fascistas: no publican la carta completa, al menos de los cables que hemos leído deducimos que hay partes que han sido suprimidas. ¡Por eso nosotros vamos a leer aquí la carta completa!

La Habana, julio 29 de 1973

Querido Salvador,

Con el pretexto de discutir contigo cuestiones referentes a la Reunión de Países No Alineados, Carlos y Piñeiro realizan un viaje a ésa. El objetivo real es informarse contigo sobre la situación y ofrecerte como siempre nuestra disposición a cooperar frente a las dificultades y peligros que obstaculizan y amenazan el proceso.

La estancia de ellos será muy breve por cuanto tienen, aquí muchas obligaciones pendientes y, no sin sacrificio de sus trabajos, decidimos que hicieran el viaje.

Veo que están ahora en la delicada cuestión del diálogo con la Democracia Cristiana en medio de acontecimientos graves como el brutal asesinato de su edecán naval y la nueva huelga de los dueños de camiones. Imagino por ello la gran tensión existente y tus deseos de ganar tiempo, mejorar la correlación de fuerzas para caso, de que estalle la lucha y, de ser posible, hallar un cauce que permita seguir adelante el proceso revolucionario sin contienda civil, a la vez que salvar tu responsabilidad histórica por lo que pueda ocurrir. Estos son propósitos loables. Pero en caso de que la otra parte, cuyas intenciones reales no estamos en condiciones de valorar desde aquí, se empeñase en una politica pérfida e irresponsable exigiendo un precio imposible de pagar por la Unidad Popular y la revolución, lo cual es, incluso, bastante probable, no olvides por un segundo la formidable fuerza de la clase obrera chilena y el respaldo enérgico que te ha brindado en todos los momentos difíciles; ella puede, a tu llamado ante la revolución en peligro, paralizar los golpistas, mantener la adhesión de los vacilantes, imponer sus condiciones y decidir de una vez, si es preciso, el destino de Chile. El enemigo debe saber que está apercibida y lista para entrar en acción. Su fuerza y su combatividad pueden inclinar la balanza en la capital a tu favor aun cuando otras circunstancias sean desfavorables.

Tu decisión de defender el proceso con firmeza y con honor, hasta el precio de tu propia vida, que todos te saben capaz de cumplir, arrastrarán a tu lado todas las fuerzas capaces de combatir y todos los hombres y mujeres dignos de Chile. Tu valor, tu serenidad y tu audacia en esta hora histórica de tu patria y, sobre todo, tu jefatura firme, resuelta y heroicamente ejercida constituyen la clave de la situación.

Hazle saber a Carlos y a Manuel en qué podemos cooperar tus leales amigos cubanos. Te reitero el cariño y la ilimitada confianza de nuestro pueblo.

Fraternalmente,
Fidel Castro

Es absurdo, es ridículo, es estúpido, tratar de presentar esta carta — que llevaba la solidaridad, la amistad y el aliento de nuestro pueblo a un presidente acosado por el imperialismo, acosado por la reacción, y acosado por el fascismo — como un caso de intromisión en los asuntos internos de Chile.

Con ese criterio, la condena universal, las palabras de incontables estadistas y hombres públicos, de innumerables organizaciones, condenando el golpe, condenando las masacres y condenando los crímenes, constituyen una intromisión en los asuntos internos de Chile.

¡Los problemas de la lucha antimperialista, los problemas que afectan al movimiento revolucionario, los problemas que afectan a la humanidad, nos incumben y nos interesan y nos corresponden a todos los hombres revolucionarios y progresistas del mundo!

Y por Chile, como por Viet Nam, no sólo estamos dispuestos a dar nuestra azúcar quitándonosla de nuestras cuotas, ¡estamos dispuestos a dar nuestra propia sangre!

Cuando se hizo la independencia de Chile, hombres de otros rincones del continente no sólo enviaron cartas sino que fueron a combatir junto a los chilenos por la independencia del país.

Los fascistas el 11 de septiembre no sólo atacaron el Palacio Presidencial, sino que atacaron también, y bombardearon despiadadamente, la residencia del presidento Allende, donde se encontraba su familia. Y fue realmente una gran casualidad el que su esposa no encontrara allí también la muerte.

Los familiares nos han narrado el calvario do ese día y los días siguientes, cuando ocultaron al pueblo chileno la muerte del presidente Allende hasta mucho más de 24 horas después de ocurrida. El entierro lo hicieron un riguroso secreto. Por distintos medios localizaron a la esposa y a una hermana, las condujeron a un aeropuerto militar de Santiago en Chile, y en un avión militar de transporte las transportaron junto al féretro hasta un aeropuerto de Valparaíso, y desde allí — con un extraordinario despliegue do fuerza — hasta un cementerio de esta ciudad, donde estaba la tumba familiar del presidente Allende. Pero en ningún caso dejaron abrir aquel sencillo féretro envuelto con una manta militar. En ningún caso, ni en el avión, ni en el trayecto hasta el cementerio, ni en el cementerio, dejaron que los familiares vieran el cadáver del presidente Allende, ¿Por qué? ¿Qué pretendían ocultar? ¿No es evidente que ellos temían desenmascararse? ¿No es evidente que ellos pretendían ocultar que el cadáver de Allende tenía más de 10 balazos, que el cuerpo de Allende fue acribillado aun después de muerto?

Los fascistas — como ustedes saben — se ensañaron también contra los cubanos, contra nuestra embajada…

Ese odio fascista demuestra y expresa lo que es Cuba, y ese odio es por algo. Saben do la lealtad do la revolución, de la firmeza de la revolución, de la solidaridad de la revolución con el proceso revolucionario latinoamericano, y eso los asusta.

El mismo día 11, alrededor de las 12 meridiano nuestra embajada recibió el primer ataque de los fascistas, y alrededor de la medianoche recibió el segundo ataque, pero ambos fueron rechazados enérgicamente.

Después de los ataques los fascistas trataban de intimidar a nuestra representación diplomática y amenazaban con que iban a emplear tanques, cañones y aviones; pero nuestros representantes diplomáticos, a unos cuantos generalotes y esbirros que los llamaron por teléfono invariablemente les decían: "Defenderemos la embajada, que es territorio cubano, hasta el último hombre." Y los fascistas sabían que tenían que matar hasta el último cubano en nuestra embajada. ¡No hubo vacilaciones!

Durante la madrugada del día 12 se dedicaron a realizar disparos esporádicos, pero el ataque final no llegó. Y nuestros compañeros de la embajada regresaron todos al país una vez rotas las relaciones diplomáticas...

Pero los fascistas no sólo agredieron a nuestra embajada, sino que se comportaron groseramente y maltrataron a los funcionarios diplomáticos de otros países socialistas y maltrataron a otros técnicos socialistas que estaban prestando servicio en aquel país. Y no sólo maltrataron a representantes de países socialistas, sino que incluso cometieron todo género de vulgaridades, groserías y maltratos con representantes de otros países capitalistas...

La conducta ejemplar del presidente Allende destruyó moralmente al fascismo en Chile, porque ellos subestimaron al presidente Allende, ellos creyeron que el presidente Allende tomaría el avión, ellos creyeron que el presidente Allende se sometería a la fuerza. Estaban absolutamente seguros de eso. Y lo que los anonadó, lo que los sacó de quicio, fue la actitud del presidente Allende, su valor, su honor, su heroísmo, su dignidad, su disposición a combatir allí contra todos los tanques y todos los cañones y todos los aviones del mundo, sabiendo que en aquel momento estaba defendiendo una bandera, una causa, aunque esa bandera y esa causa en ese momento luchasen en condiciones muy desfavorables y muy difíciles. Pero él sabía que había que defenderla hasta el precio de la vida.

Y ésa fue la actitud de otros combatientes chilenos en Tomás Moro, en las universidades, en las comunas populares, y ésa fue la actitud de nuestra representación diplomática...

De modo que no le faltaron lecciones, extraordinarias lecciones al fascismo ese día, y que desde ya le dicen la resistencia que se van a encontrar, que desde ya le dicen lo que les espera cuando los pueblos no se dejan oprimir, cuando los pueblos no se dejan intimidar, cuando los hombres y las mujeres están dispuestos a morir...

En estos conceptos de geopolitica, de espacios vitales, de expansiones territoriales, que son nítidamente nazis, se educan los militares chilenos.

Con estricta justicia, no podemos decir que todos los oficiales chilenos son fascistas. Tenemos el ejemplo del general Prats, del general Pickering, del general Sepúlveda Esqueda, que hicieron grandes esfuerzos por mantener a los institutos armados dentro de la lealtad al gobierno constitucional y dentro de la ley. Desde luego, una mayoría de oficiales fascistas los hicieron saltar prácticamente de sus mandos.

Para que se tenga una idea de cómo operan las clases reaccionarias, basta recordar aquel episodio cuando la derecha, con su prensa, con sus órganos de divulgación masiva, sembrando incesante veneno, armando ideológicamente a los golpistas, movilizando a los reaccionarios, organizó nada menos que una manifestación de señoras de coroneles y generales para que fueran a la casa del general Prats para exigirle la renuncia del Ministerio de Defensa.

Esa mayoría fascista en la alta oficialidad de las Fuerzas Armadas, promovió la renuncia de estos tres generales. Y desde luego, esas renuncias desgraciadamente facilitaron el camino del fascismo.

Tenemos noticias también de que un oficial de Carabineros, de los que luchó contra el "tancazo," en medio del combate se dirigió al palacio y luchó allí junto a la guardia personal del presidente Allende contra los fascistas.

Es conveniente resaltar estos hechos. Porque aunque la composición de clase de la oficialidad de las Fuerzas Armadas de Chile es reaccionaria, puesto que ellos se han cuidado de que sus oficiales procedan de las clases media y rica, y puesto que no tienen acceso a esas posibilidades jóvenes de las clases humildes, y aunque la mayoría de la oficialidad es fascista, y han sido educados en el fascismo y la reacción, nosotros estamos seguros de que habrá oficiales de las Fuerzas Armadas chilenas que tomen conciencia del bochornoso, del criminal papel que la jefatura fascista está haciendo jugar a las Fuerzas

Armadas de Chile, ¡y que en su día se sumarán al pueblo en la lucha contra el fascismo!

Con el golpe fascista las Fuerzas Armadas chilenas han sellado su destino. Se desenmascararon totalmente. Ahí se pudo ver su "apoliticismo," su "institucionalismo." Lo mantuvieron mientras los intereses de las clases dominantes no estaban amenazados. Pero cuando vieron en peligro los intereses de esa clase, abandonaron el apoliticismo supuesto, el institucionalismo, y se pusieron del lado de los reaccionarios, se pusieron del lado de los explotadores contra el pueblo.

¡Entre el pueblo chileno, es decir, entre lo mejor del pueblo chileno — sus obreros, sus campesinos, sus juventudes combativas — y las Fuerzas Armadas chilenas se abre hoy un profundo e insalvable abismo! ¡Ese abismo es el mar de sangre de obreros, de campesinos, de estudiantes y de revolucionarios fusilados, masacrados y asesinados por las hordas fascistas!

¡Entre las Fuerzas Armadas fascistas y el pueblo chileno, se abre la sangre insalvable de Salvador Allende y de los hombres que murieron junto a él aquel día!

¡Y hay que decirlo sin temor y sin miedo! ¡Porque el pueblo tendrá que enfrentarse al fascismo, y se enfrentará al fascismo!

Pero la Junta Militar no sólo es fascista por sus ideas; lo es también por sus actos. Y los cables nos han, traído noticias de fusilamientos masivos de obreros, de bombardeos a universidades, de quemas de libros, de campos de concentración, de atroces actos de terrorismo contra las masas y contra el pueblo. Nos traen noticias de la ilegalización de los partidos politicos, de la disolución de las organizaciones obreras, y nos, traen noticias de vejaciones, de crimenes de todo tipo.

Los fascistas no sólo asesinan y matan, sino que en los registros de las comunas y de las universidades de las masas de los revolucionarios, saquean despiadadamente, se roban cuantos objetos encuentran a su paso, se comportan como verdaderos bandidos sedientos de sangre y de dinero…

Y todos estos hechos: fusilamientos de obreros, disolución de partidos, quemas de libros, violaciones de las leyes internacionales, ataques a embajadas, ataques a barcos indefensos, campos de concentración, son expresión pura de fascismo.

Pero entre la década del 30 y la del 70 han transcurrido 40 años, y no estamos como en los tiempos en que Hitler y Mussolini comenzaron sus andanzas por el mundo, porque hoy hay una conciencia universal, mucho más profunda, una humanidad mucho más avanzada y mucho más progresista, que repudia con toda su alma estos hechos vandálicos.

Y los únicos que se creen que estamos todavía en la década del 30 son esos estúpidos, ignorantes, cretinos, militarotes chilenos que escenificaron el golpe de estado. Ellos no saben todavía siquiera el mundo en que vivimos.

Cuando nosotros estuvimos en Chile pudimos ya vislumbrar el ascenso del espíritu fascista frente al movimiento revolucionario en el seno de la sociedad chilena. Y al despedirnos, el 2 de diciembre de 1971, del pueblo chileno, le decíamos:

"Hemos aprendido una cosa, hemos apreciado una comprobación más de la ley de la historia: hemos visto el fascismo en acción; y hemos podido comprobar un principio contemporáneo: que la desesperación de los reaccionarios, la desesperación de los explotadores en el mundo de hoy — como ya se ha conocido nítidamente por experiencia histórica — tiende hacia las formas más brutales y más bárbaras de violencia y de reacción."

Y todos conocen la historia del fascismo en diversos países, en los países que fueron la cuna de ese movimiento; cómo surgieron, y cómo los privilegiados, los explotadores, cuando aún sus propias instituciones inventadas y creadas por ellos para mantener el dominio de clase no les sirven, las destruyen ellos mismos. Inventan una legalidad, inventan una constitución, inventan un parlamento. Cuando digo "inventan una constitución" digo: inventan una constitución burguesa, porque las revoluciones socialistas establecen sus propias constituciones y sus propias formas de democracia.

Pero, ¿qué hacen los explotadores cuando sus propias instituciones ya no les garantizan el dominio? ¿Cuál es su reacción cuando los mecanismos con que han contado históricamente para mantener su dominio les fracasan, les fallan? Sencillamente los destruyen. No hay nada más anticonstitucional, más antilegal, más antiparlamentario y más represivo y más violento y más criminal que el fascismo.

El fascismo en su violencia liquida todo, arremete contra las universidades, las clausura y las aplasta; arremete contra los intelectuales, los reprime y los persigue; arremete contra los partidos políticos; arremete contra las organizaciones sindicales; arremete contra todas las organizaciones de masas y las organizaciones culturales. De manera que nada hay más violento ni más retrógrado ni más ilegal que el fascismo.

Y eso, que dijimos entonces desgraciadamente, es lo que sabemos que en estos días ha estado ocurriendo en Chile. Destacados artistas populares han sido asesinados. Y uno de los cables trae la noticia de que un grupo folklórico completo fue fusilado por los fascistas.

El imperialismo trata de rehuir su complicidad y su responsabilidad en el golpe fascista. El imperialismo es todo un sistema económico, social, político y cultural, destinado a la opresión de los pueblos, y el imperialismo ha tratado de crear en la América Latina todas las condiciones para impedir el advenimiento del movimiento popular, y en Chile conspiró desde antes del triunfo de la Unidad Popular, movilizó millones de dólares, entregándoselos a los partidos burgueses, para tratar de aplastar a la Unidad Popular. Y más de una elección la ganó mediante el soborno, mediante el empleo de sumas masivas de dinero, mediante mentiras, mediante campañas de terror y de calumnias.

El imperialismo trató de corromper al pueblo chileno. Los monopolios trataron de corromper a los obreros de sus minas; apoyándose en los altos precios del cobre y sus enormes ganancias, abonaban salarios incomparablemente superiores al resto de los obreros chilenos. El imperialismo no cesó de conspirar un solo instante contra el gobierno de la Unidad Popular. Y está bien claro que mientras bloqueaba a Chile todos los créditos económicos, el Pentágono mantenía magníficas relaciones con las Fuerzas Armadas chilenas. Una gran parte de esos oficiales de las Fuerzas Armadas chilenas ha sido educada en academias imperialistas. Y mientras se le negaba a Chile todo crédito, algunas semanas antes del golpe de estado el señor Nixon concedió un crédito de 10 millones de dólares a las Fuerzas Armadas chilenas para adquirir armas.

El imperialismo mantenía un juego descarado, separando al gobierno de las Fuerzas Armadas, bloqueando a aquél y apoyando a éstas.

El imperialismo ha creado instrumentos como la OEA, la Junta Interamericana de Defensa, las maniobras navales conjuntas. Todas estas instituciones ha creado el imperialismo para conspirar y para realizar la contrarrevolución en este continente.

Y el gobierno de la Unidad Popular no pudo siquiera impedir, no pudo siquiera prohibir que la Marina chilena siguiera realizando maniobras conjuntas con la Marina de Estados Unidos.

Y el día del golpe, precisamente el 11 de septiembre, los barcos de guerra norteamericanos estaban frente a Valparaíso. Ese día comenzaban maniobras entre la escuadra chilena y la escuadra yanqui. Y los barcos de la escuadra chilena se hicieron a la mar aparentemente, y a las pocas horas volvieron a Valparaíso para encabezar el alzamiento.

El golpe de estado, de hecho, se venía desarrollando desde hacía muchos días.

Como señalaba Beatriz que le dijo el presidente, al amparo de la llamada Ley de Control de Armas las Fuerzas Armadas venían realizando grandes despliegues de tropas contra las fábricas, contra los centros obreros, contra las oficinas de los partidos populares. En las últimas semanas del gobierno de Allende los grupos fascistas de Patria y Libertad realizaban decenas de atentados terroristas diariamente, y cometían crímenes de todos tipos; la prensa reaccionaria, el Partido Nacional y el Partido Demócrata Cristiano — que tiene una gran responsabilidad histórica en los hechos que acaban de suceder — alentaban incesantemente el golpe de estado.

Cuando se escriba la historia de estos acontecimientos habrá que señalar nítidamente la responsabilidad que tienen Frei y comparsa, Frei y toda la camarilla derechista de la dirigencia demócrata cristiana; la responsabilidad que tiene la prensa reaccionaria en todos estos hechos; la responsabilidad que tienen el Partido Nacional, el poder judicial y el Parlamento, en los sucesos que han tenido lugar en Chile, porque ellos tendrán que saldar esa responsabilidad con el pueblo chileno.

De los hechos ocurridos los revolucionarios tenemos que sacar nuestras conclusiones. Está claro que el imperialismo se mueve, que el imperialismo lleva a cabo una ofensiva estratégica, en América Latina, en complicidad con Brasil. Primero fue el golpe de estado, en

Bolivia, después fue el golpe de estado en Uruguay, y ahora el golpe de estado en Chile.

Hace diez años, al menos las burguesías y el imperialismo se defendían con otros procedimientos: se defendían con el Parlamento, se defendían con las constituciones burguesas. Uruguay y Chile eran considerados como modelos de países legalistas, modelos de países constitucionalistas. Y las propias burguesías, el propio imperialismo, han echado abajo las constituciones y las formas democráticas burguesas en Uruguay y en Chile, y esos países hoy — junto con Brasil — constituyen el conglomerado de países reaccionarios al servicio del imperialismo en América del Sur...

Y una lección que hay que sacar de este ejemplo chileno es que con pueblo sólo no se hace la revolución: ¡hacen falta también las armas! Y que con armas sólo no se puede hacer la revolución: ¡hace falta también el pueblo!

Hemos hecho estas consideraciones para esclarecer a nuestro pueblo sobre la situación general en este continente.

Algunas agencias cablegráficas batían palmas hasta romperse las manos por el golpe militar chileno, y decían que ahora esta tendencia de acercamiento hacia Cuba, de apertura de relaciones diplomáticas, quedaba interrumpida...

De modo que para nosotros en el caso chileno lo que nos duele no es que un país rompa relaciones con nosotros: a nosotros nos honra la ruptura de relaciones con Chile — es un honor para nosotros — porque, las relaciones con ese régimen fascista habrían sido deshonrosas...

A nosotros nos duelen los acontecimientos chilenos por el golpe que ha sufrido el pueblo chileno, y por la lucha dura y cruenta que el pueblo chileno tendrá que librar...

En cuanto a nuestras relaciones con el pueblo chileno, nosotros no tenemos ninguna duda de que el pueblo chileno luchará contra el fascismo. Conocemos al pueblo chileno. Hemos estado entre sus obreros, entre sus campesinos, entre sus estudiantes, y nunca podremos olvidar el espíritu del pueblo chileno: su entusiasmo, su patriotismo, su fervor revolucionario, su actitud.

No podremos olvidar a los obreros, a los campesinos, desde los obreros agrícolas de Magallanes hasta los mineros del norte; a los obreros de las minas de carbón, a los obreros de las industrias, a la juventud chilena, a los combatientes chilenos, a los revolucionarios chilenos.

Y nosotros tenemos la absoluta seguridad de que sabrán enfrentarse al fascismo. Nosotros tenemos la absoluta seguridad de que el 11 de septiembre se inició una contienda que sólo terminará con la victoria del pueblo. No será inmediata. Nadie puede esperar milagros en la situación chilena. El pueblo ha sido duramente golpeado; los partidos, las organizaciones, tendrán que recobrarse del zarpazo fascista. Sin duda de ninguna clase que la lucha del pueblo chileno tendrá que ser una lucha prolongada. Sin duda que los revolucionarios chilenos reaccionarán, se organizarán y se enfrentarán sin tregua al fascismo.

Los revolucionarios chilenos saben que ya no hay ninguna otra alternativa que la lucha armada revolucionaria.

Ensayaron los caminos electorales, ensayaron los caminos pacíficos, y los imperialistas y los reaccionarlos cambiaron las reglas del juego. Destruyeron la constitución, destruyeron las leyes, destruyeron el Parlamento, lo destruyeron todo, y de esa situación no podrán salir. Ya no podrán gobernar a Chile más que por la fuerza; ya no podrán gobernar a Chile más que mediante instituciones fascistas, y eso, desde luego, tiene sus límites.

Los fascistas dicen ahora que van a reconstruir la economía. Incluso hacen cosas ridículas: convocaron a las señoronas de los coroneles y de los generales para que dieran unas cuantas joyas para reconstruir la economía chilena. ¿Quién va a creer ese cuento de caminos? Todos sabemos que los fascistas querrán desarrollar la economía capitalista y burguesa de Chile sobre la espalda y la sangre de los trabajadores chilenos. Todos sabemos bien que no es con las joyitas de sus señoronas con lo que ellos están pensando reconstruir la economía chilena, sino con la sangre y el sudor de los obreros chilenos.

El imperialismo seguramente ahora a través del Banco Mundial y otras instituciones les dará crédito enseguida y tratará de armar hasta los dientes a los fascistas. Los fascistas dicen que "reina el orden en el país." Y nosotros nos recordábamos del 10 de marzo: también después del 10 de marzo "reinó el orden" en el país ¡hasta un día "reinó el orden" en el país! Y todos sabemos que el 10 de marzo precipitó la revolución en Cuba, como sabemos que el 11 de septiembre precipitará y profundizará la revolución en Chile…

El presidente Allende ha entregado a su pueblo el más alto ejemplo de heroísmo que se pueda ofrecer. Y es imposible que cada chileno honesto, cada chileno digno, no sienta hervir su sangre, no sienta arder la más profunda indignación ante los hechos que han ocurrido en su país y ante el ejemplo del presidente Allende, ante el ejemplo de los combatientes que cayeron junto a él…

Los fascistas dicen que hay paz en Chile después del 11 de septiembre. Pero si hubo un 11 de septiembre, como en Cuba hubo un 10 de marzo ¡en Chile habrá también un 26 de Julio y en Chile habrá también un Primero de Enero!

Cuando nosotros llegábamos aquí y contemplábamos esta impresionante, gigantesca multitud, cuando escuchábamos el himno de Chile y el himno de Cuba, cuando un millón de personas eran capaces de guardar un silencio absoluto en memoria del presidente Allende, en esos instantes de emoción, de profundo cariño y de respeto hacia el pueblo chileno, pensábamos que también algún día ellos reunirán multitudes como ésta en un pueblo sin explotadores ni explotados, en un pueblo en que Fuerzas Armadas y pueblo sean una misma cosa, en un pueblo también armado como nosotros, en un pueblo también unido como nosotros, en un pueblo organizado como nosotros y con un nivel de cultura política como el pueblo cubano de hoy, sin latifundistas, sin esbirros, sin explotadores de ninguna índole, sin fascistas, sin prensa burguesa, sin un solo radio, sin un solo medio masivo de divulgación que no esté en manos del pueblo; en un Chile sin Parlamento burgués, sin pacto de Río de Janeiro, sin maniobras conjuntas, y teníamos la convicción de que el pueblo chileno lo logrará, por su espíritu revolucionario, por sus virtudes cívicas, por su entusiasmo, por su calidad humana, por su valor; estábamos seguros de que de la misma forma que lo ha logrado el pueblo cubano lo logrará también el pueblo chileno, y además porque representamos la causa justa, la causa del porvenir, la causa de la liberación de los pueblos, porque las fuerzas progresistas se desarrollan y crecen en todo el mundo y el imperialismo declina.

Nosotros vimos declinar el imperialismo en este continente, nosotros iniciamos el declinar del imperialismo en este continente. ¡Y nuestros pueblos verán el fin del imperialismo en este continente!

Y nuestro pueblo será solidario con el pueblo de Chile, y le dará toda la ayuda que esté al alcance de sus manos, en todos los terrenos.

Y si un día fuimos capaces de arrancarnos el azúcar de nuestra cuota para dársela al pueblo chileno, ¡estaremos dispuestos a arrancarnos hasta el corazón por ayudar a la revolución chilena!

Nosotros tuvimos fe, tuvimos confianza en el presidente Allende. Todo nuestro pueblo confió en él. Todo nuestro pueblo estaba íntimamente convencido de su integridad, de su valor, de que sabría morir defendiendo su puesto. ¡Y el presidente Allende no le falló a su pueblo chileno, no le falló a su pueblo cubano!

¡Del mismo modo, el pueblo chileno no le fallará al presidente Allende! ¡Los revolucionarios chilenos no le fallarán al presidente Allende! ¡Y sobre todo, escucharán sus llamados a la unión más estrecha para llevar adelante la lucha libertadora!

¡Y el pueblo cubano no le fallará a su amigo leal, a su amigo heroico, a su compañero, a su hermano de lucha, el presidente Allende!

¡Gloria eterna a Salvador Allende junto al Che, junto a Martí, Bolívar, Sucre, San Martín, O'Higgins, Morelos, Hidalgo, Juárez y todos los grandes hombres que consagraron sus vidas a la libertad de este continente!

¡El pueblo chileno aplastará al fascismo!

¡Patria o muerte!

¡Venceremos!

Cronología

CHILE 1970–1973

Preparado por James Cockcroft para el libro
Salvador Allende Reader, publicado por Ocean Press

1970

25 de marzo — El "Comité de los 40" parte de la Casa Blanca y encabezada por el director del Consejo de Seguridad Nacional, Henry Kissinger, está a cargo de los planes norteamericanos para prevenir la ascendencia de la presidencia de Allende. En caso de que esto no llegue a llevarse a cabo ellos actuarían para destabilizar su régimen hasta que ocurra un golpe de estado para derrocarlo. Se junta el Comité y se aprueba el uso de $125,000 para una operación de desestabilización contra la coalición de la Unidad Popular encabezada por Allende.

Junio — Kissinger le informa al "Comité de los 40" que en caso que llegara a ganar Allende las elecciones en Chile, "No sé porqué debemos esperar y ver a un país convertirse en comunista por la irresponsabilidad de su propia gente." La posibilidad de una victoria electoral para el gobierno de Allende se discute en una reunión de los directores de la compañía ITT. John McCone, ex-director de la CIA y en esos momentos asesor de la agencia y director del ITT, tiene conversaciones con el director de la CIA Richard Helms, acerca de la situación en Chile. Helms apuntó en 1970 de una manera profética y destacada una "presión" económica en Chile que tendrá el efecto de "asfixiar" la economía.

27 de junio — El "Comité de los 40" aprueba el uso de $300,000 para más operaciones de propaganda contra Allende.

16 de julio — John McCone cita una reunión entre William Broe de la CIA y Harold Geneen de la ITT. Broe le dice a Geneen que la CIA no puede disponer de ayuda financiera pero promete aconsejar a la ITT en cómo puede dirigir sus fondos económicos. La ITT después hace entrega de $350,000 a la campaña de Alessandri a través de un intermediario.

18 de agosto — Memorando de Estudio de Seguridad nacional (NSSM) número 97 es examinado por un grupo interdepartamental; el grupo considera diferentes opciones desde esfuerzos para forjar relaciones amistosas con Allende hasta una posición en contra de él.

4 de septiembre — Salvador Allende, candidato de la Unidad Popular gana un 36,3% del voto en las elecciones presidenciales. Le gana al candidato del Partido Nacional, Jorge Alessandri, quien obtuvo un 34,9% del voto, también al candidato del Partido Demócrata Cristiano Radomiro Tomic quien obtuvo un 27,8% del voto. El resultado final depende del voto en el congreso que se lleva a cabo el 24 de octubre entre Allende y el segundo, Alessandri. Tradicionalmente, el candidato con la mayoría de los votos populares gana en el congreso.

8 y 14 de septiembre — El "Comité de los 40" aprueba el uso de $250,000 para el embajador estadounidense Korry, para que él pueda influir el voto congresional del 24 de octubre.

9 de septiembre — Harold Geneen, el Jefe Ejecutivo de la compañía ITT, le informa a John McCone en una reunión de directores en Nueva York que él está preparado para hacer entrega de $1 millón para asistir cualquier plan del gobierno diseñado a formar una coalición en el congreso chileno para oponer y detener a Allende.

McCone se decide a comunicarle su proposición a los altos oficiales de Washington y se reúne días después con Henry Kissinger y Richard Helms.

15 de septiembre — El presidente Nixon da instrucciones al director de la CIA Richard Helms para prevenir que Allende llegue a ser presidente. La CIA jugará un rol principal en la organización de un golpe de estado en Chile. Este involucramiento directo llega a ser conocido como Track II. Años después, Helms fue declarado culpable de haber cometido perjurio por haberle mentido al Senado estadounidense acerca de las actividades secretas de la CIA en el extranjero y en los Estados Unidos.

16 de septiembre — En una reunión secreta de la Casa Blanca, Henry Kissinger advierte que la elección de Allende sería irreversible y que Chile dirigido por Allende sería un ejemplo "contagioso" que "infectaría" los aliados de NATO en Sudamérica. También expresa sus dudas de que volvieran a haber elecciones libres en Chile. [Un ex-asesor de Kissinger después declaró que, "Henry pensaba que Allende podría ser capaz de encabezar un movimiento en contra de los Estados Unidos en Latinoamérica de una manera más eficaz de lo que había podido lograr Castro, simplemente por el hecho de que había llegado al poder por una vía democrática."]

29 de septiembre — A las órdenes de Richard Helms, un oficial de la CIA se reúne con un representante de la ITT. El oficial de la CIA propone un plan para acelerar el desorden económico en Chile. La ITT rechaza el plan.

Octubre — La CIA se pone en contacto con conspiradores militares; después de una reunión que se lleva a cabo en la Casa Blanca. La CIA trata de calmar un complot iniciado por el General retirado Viaux, pero sin embargo intenta generar la máxima presión para derrocar a Allende a través de un golpe de estado. La CIA proporciona granadas lacrimógenas y tres pistolas ametralladoras a conspiradores. La ITT le hace entrega de un plan a la Casa Blanca, que es diseñado para asegurar que Allende "no pueda seguir durante los próximos seis meses importantes."

9 de octubre — Se introducen enmiendas constitucionales al Congreso chileno y son aprobadas. Estas crean las condiciones para ratificar la elección de Allende como presidente. Las enmiendas limitan la interferencia del gobierno en partidos políticos, educación, la "prensa libre" y las Fuerzas Armadas. El poder que tiene Allende para nombrar jefes comandantes es limitado, aunque todavía puede promover a los comandantes en las Fuerzas Armadas y los carabineros. Allende se ve obligado a mantener las posiciones de los funcionarios de estado del antiguo gobierno.

14 de octubre — El "Cómite de los 40" aprueba el uso de $60,000 para la propuesta del embajador Korry de adquirir una radio emisora. El dinero no se gasta.

16 de octubre — En un cablegrama secreto del cuartel general de la CIA a Santiago, se entrega una "guía de operaciones" basada en los planes de Kissinger de un complot secreto. "Es una política firme y decisiva que se debe mantener hasta que Allende sea derrocado por un golpe de estado," indica el cablegrama.

22 de octubre — Después de dos intentos de secuestro del 19 y 20 de octubre, en un tercer intento, se secuestra al Comandante en Jefe de las Fuerzas Armadas General René Schneider. El general es asesinado por derechistas que están enfurecidos porque él no inició acción militar contra Allende.

24 de octubre — El Congreso chileno vota 153 a 35 a favor de Allende como presidente, rechazando a Alessandri.

3 de noviembre — Allende es inaugurado formalmente como Presidente de la República de Chile.

12 de noviembre — Allende anuncia que Chile reestablecerá relaciones diplomáticas, comerciales y culturales con Cuba.

13 de noviembre — El "Comité de los 40" aprueba el uso de $25,000 para apoyar a los candidatos de la Democracia Cristiana.

19 de noviembre — El "Comité de los 40" aprueba el uso de $725,000 para un programa de acción secreta en Chile. Este sumo es incrementado el 28 de enero de 1971, y se autoriza casi el doble de la cifra original.

21 de diciembre — El Presidente Allende propone una enmienda constitucional que establece control estatal de las minas grandes y autoriza la expropiación de todos las compañías extranjeras que las controlan. Allende y el candidato presidencial de la Democracia Cristiana, Tomic, nombraron la nacionalización de las minas de cobre en sus campañas.

30 de diciembre — El Presidente Allende declara que iniciará un proyecto de ley en el congreso chileno para nacionalizar los bancos privados en Chile, "para que puedan proveer de más crédito para los empresarios pequeños y medianos en Chile."

1971

5 de enero — Chile establece relaciones diplomáticas con la República Popular China.

28 de enero — El "Comité de los 40" aprueba el uso de $1,240,000 para adquirir varias radio emisoras, periódicos y para apoyor a candidatos municipales y otras actividades políticas de partidos políticos en contra de Allende.

12 de febrero — Chile y Cuba firman un acuerdo comercial de $20 millones.

27 de febrero — El Departamento de Defensa de los Estados Unidos anuncia públicamente que va a cancelar una visita planificada por el buque *Enterprise*, al cual Allende le había dado la bienvenida anteriormente. Todos los partidos políticos declaran que este acto es un desprecio hacia Chile.

22 de marzo — El "Comité de los 40" aprueba el uso de $185,000 en apoyo adicional para el Partido Demócrata Cristiano.

4 de abril — La Unidad Popular, una coalición encabezada por Allende obtiene el 49,7% del voto en las elecciones municipales de

280 municipios. Por primera vez en la historia de Chile, los jóvenes entre 18-21 pueden votar. El apoyo juvenil fue importante en lograr el gran márgen que ganó la Unidad Popular. Un grupo fascista, financiado por la CIA, llamado Patria y Libertad, comienza una campaña de sabotaje y destruye materiales de fábricas con el fin de desestabilizar la economía chilena.

10 de mayo — El "Comité de los 40" aprueba el uso de $77,000 para comprar una prensa para el periódico del Partido Demócrata Cristiano. La prensa no se obtiene y los fondos se utilizan para apoyar el periódico.

20 de mayo — El "Comité de los 40" aprueba el uso de $100,000 de fondos de "emergencia" para que el Partido Demócrata Cristiano pague deudas de corto plazo.

26 de mayo — El "Comité de los 40" aprueba el uso de $150,000 como ayuda adicional para el Partido Demócrata Cristiano.

30 de junio — El Departamento de Estado declara que le hará un préstamo de $5 millones para comprar equipo militar en Chile.

6 de julio — El "Comité de los 40" aprueba el uso de $150,000 para el apoyo de candidatos de la oposición en una elección parcial en Chile.

11 de julio — En una sesión conjunta del Congreso chileno, se hace una enmienda constitucional que es aprobada por unanimidad, permitiendo la nacionalización de la industria del cobre; ésta representa tres cuartos del total de las divisas chilenas. La enmienda recomenda un recompensa a las compañías de cobre dentro de un periodo de 30 años, con un interés del 3%. También son nacionalizadas las industrias de minerales de hierro, del nitrato y de acero.

11 de agosto — El banco de Importaciones y Exportaciones le niega un préstamo de $21 millones que es necesario para adquirir tres aviones para la aerolínea LANChile.

Septiembre — Los directores de las compañías extranjeras más grandes en Chile — Anaconda Copper, la compañía de Ford Motor, el Primer Banco Nacional City, el Banco de América, Ralston Purina y la ITT — se reúnen con el Secretario de Estado William Rogers y acuerdan un bloqueo económico de Chile. La CIA instala un "equipo de golpes" en la embajada estadounidense en Santiago y les hace entrega de millones de dólares en Chile a grupos de derecha, periódicos, radio emisoras y a políticos para acelerar la campaña de desestabilización de Allende.

9 de septiembre — El "Comité de los 40" aprueba el uso de $700,000 para apoyar el diario principal en Santiago, *El Mercurio*. El diario comienza a publicar artículos para que el pueblo esté en contra del gobierno chileno, y fomenta actos de sedición en contra del gobierno incluso hasta hablar de un golpe de estado.

10 de septiembre — El Presidente Allende aprueba la participación conjunta entre Chile y los Estados Unidos en un ejercicio naval, también incluye a otros países latinoamericanos.

28 de septiembre — El Presidente Allende declara que cualquier "ganancia en exceso" de 774 millones de dólares en los 15 años anteriores será descontada en compensación que será pagada a las compañías nacionalizadas del cobre. El Partido Demócrata Cristiano y el Partido Nacional declaran su apoyo para esta política de recompensa en octubre.

29 de septiembre — El gobierno chileno toma control operacional de la compañía de teléfono chilena (CHITELCO). La ITT ha sido dueña del 70% de las intereses de la compañía desde 1930.

29 de septiembre — Nathanial Davis reemplaza a Edward Korry como embajador estadounidense en Chile.

5 de noviembre — El "Comité de los 40" aprueba el uso de $815,000 en apoyo a los partidos de la coalición opositora y para causar un quiebre dentro de la Unidad Popular.

10 de noviembre — 4 de diciembre — Fidel Castro hace un viaje por Chile.

30 de noviembre — Después de una visita a Latinoamérica, el director de comunicaciones de la Casa Blanca, Herbert G. Klein le dice a periodistas que junto al consejero presidencial Robert H. Finch, tienen el "presentimiento" de que el gobierno de Allende no "durará mucho más."

1 de diciembre — El Partido Demócrata Cristiano y el Partido Nacional organizan una "Marcha de las Ollas Vacías" por mujeres que protestan contra la escasez de víveres y la visita de Fidel Castro a Chile.

15 de diciembre — El "Comité de los 40" aprueba el uso de $160,000 para apoyar a dos candidatos de la oposición en la elecciones parciales de enero 1972.

1972

19 de enero — El Presidente Nixon hace pública una advertencia de que las compañías norteamericanas que fueron expropiadas, necesitan una buena recompensa. Si no es así el trato de ayuda económica hacia el país será terminada y los Estados Unidos tendrán el derecho de negar cualquier apoyo económico bajo préstamos con bancos internacionales.

29 de febrero — La corte suprema de Nueva York bloquea las cuentas bancarias de las agencias gubernamentales chilenas.

21–22 de marzo — El periodista Jack Anderson acusa a la ITT de tener documentos secretos que comprueban que la ITT tenía contacto frecuente con la CIA, y que juntos hacían esfuerzos para que Allende no fuera elegido en las elecciones presidenciales de 1970. Si esto no tuviera éxito, conspirarían a derrocarlo. (Estos documentos después fueron publicados.) En octubre del 1970, la ITT hizo entrega de un plan de 18 puntos a la Casa Blanca que incluye: una "guerra" económica, la subversión y el sabotaje contra Chile. Esto sería dirigido por un grupo especial de la Casa Blanca, recibiendo ayuda directa de la CIA. Todo esto estaba dirigido a crear un caos económico donde las Fuerzas Armadas chilenas tendrían que, "retomar el orden."

Una de las opciones que mandó la ITT a Kissinger fue de cesar todos los préstamos de bancos internacionales y estadounidenses.

[Pero ni el banco InterAmericano ni el Banco Mundial habían concedido ningún crédito a Chile desde que Allende tomó la presidencia, y hasta les negó ayuda de emergencia a las víctimas del terremoto de 1971.] Anderson también dio a conocer que si la administración de Nixon ayudaba a derrocar a Allende, la ITT contribuiría miles de dólares para la campaña presidencial de Nixon de 1972.

11 de abril — El "Comité de los 40" aprueba el uso de $965,000 más para el diario *El Mercurio*.

24 de abril — El "Comité de los 40" aprueba el uso de $50,000 con la intención de crear un quiebre dentro de la Unidad Popular.

12 de mayo — El presidente Allende entrega una enmienda constitucional al Congreso chileno para la expropiación del control de la ITT en la compañía de teléfonos chilena.

16 de junio — El "Comité de los 40" aprueba el uso de $46,500 para apoyar a un candidato en la elección parcial chilena.

24 de julio — Allende lanza un ataque en contra de los Estados Unidos por "restringir deliberadamente" los créditos hacia Chile en 1970-72 y por imponer un "bloqueo económico" a Chile. [En 1972, la compañía de cobre Kennecott comenzó un embargo contra toda la exportación de cobre chilena.]

21 de agosto — Allende declara un estado de sitio en Santiago después de un día de violencia que nace de una huelga de almacenistas que dura un día.

21 de septiembre — El "Comité de los 40" aprueba el uso de $24,000 para el apoyo de una organización de empresarios que están en contra de Allende.

10 de octubre — La Confederación de Camioneros declara una huelga a nivel nacional que es apoyada por los partidos de la oposición. El gobierno declara el estado de sitio que termina el 5 de noviembre cuando el nuevo ministro del interior General Carlos Prats negocia un acuerdo.

26 de octubre — El "Comité de los 40" aprueba el uso de $1,427,666 para apoyar los partidos de la oposición y las organizaciones del sector privado, anticipando las elecciones del congreso de marzo 1973.

4 de noviembre — En un discurso para el Segundo aniversario del gobierno de la Unidad Popular, Allende declara el principio del "fin de la amenaza fascista."

4 de diciembre — En un discurso frente a la Asamblea General de las Naciones Unidos, el Presidente Allende declara que Chile ha sido la "víctima de una seria agresión" y agrega que, "hemos sentido los efectos, a gran escala, de una presión exterior contra nosotros."

8 de diciembre — Estados Unidos declara que en mayo del 1972 había consentido extender un crédito de $10 millones a Chile para que comprara transporte aéreo y otro equipo militar, como tanques y camiones.

1973

Enero — La inflación alcanza el 200%.

12 de febrero — El "Comité de los 40" aprueba el uso de $200,000 para apoyar a los partidos políticos de la oposición en las elecciones del Congreso.

4 de marzo — En las elecciones congresuales, la Unidad Popular gana el 43,3% del voto, que es un incremento de 7% más que en la elección presidencial de 1970.

22 de marzo — El diálogo entre los Estados Unidos y Chile sobre problemas políticos y económicos termina sin resolución.

10 de mayo — Una huelga de tres semanas continúa en la mina El Teniente y se declara el estado de emergencia en esa región. Los huelguistas más determinados son los ejecutivos y los empleadores.

5 de junio — Chile suspende sus envíos de cobre al extranjero mientras sigue la huelga de los mineros.

15 de junio — Allende se reúne con los huelguistas del cobre, y la mayoría de trabajadores no calificados votan para aceptar la oferta y volver a trabajar.

20 de junio — Miles de doctores, profesores y estudiantes hacen huelga para protestar por el comportamiento de Allende frente a la huelga del cobre. La Central Unica de Trabajadores (la CUT) llama a un paro nacional al día siguiente en apoyo al gobierno.

21 de junio — Hay disparos, bombardeos y enfrentamientos entre los que apoyan y los que se oponen al gobierno, durante el paro que inicia la CUT en apoyo al gobierno de la Unidad Popular. El diario de la oposición, *El Mercurio* se cierra por seis días después de una orden judicial en la que se declara que el diario inició subversión. Al día siguiente se declara que la orden judicial no es válida.

28 de junio — El ejército anuncia el aplastamiento de una revuelta de barracones en contra de los oficiales al mando y el gobierno.

29 de junio — Vehículos blindados y tanques rebeldes toman control de un sector de Santiago y atacan el Ministerio de Defensa y el palacio presidencial antes de que tropas fieles al gobierno los rodeen y los hagan rendirse. Este es el primer intento de derrocar un gobierno elegido en Chile en 42 años. El "tancazo" fue dirigido por el Coronel Roberto Souper, que iba a ser arrestado como el líder de la revuelta de barracones del día anterior.

2 de julio — Los mineros del cobre llegan a un acuerdo para volver a trabajar y ponen fin a una huelga que duró 76 días, y le costó $60 millones al gobierno y puso a la economía del país en la peor de las crisis.

26 de julio — Los dueños de camiones por todo Chile se declaran en huelga, afectando una vez más de forma muy negativa la economía del país.

Agosto — El Partido Demócrata Cristiano da a conocer en forma pública que ellos apoyarían un golpe de estado y el diario del partido publica un artículo declarando que el gobierno ha sido corrompido por un "sector de judíos comunistas." Para apaciguar a los dueños de las empresas Allende ordena que los trabajadores que ocupan más de 1000 sitios de trabajo tienen que salir. En algunas fábricas las tropan tienen que evacuar a los trabajadores, y esto resulta con la muerte de trabajadores.

2 de agosto — Los dueños de más de 110.000 buses y taxis también declaran que están en huelga.

3 de agosto — En una conferencia de prensa, Allende acusa que han ocurrido 180 actos de terrorismo en contra de los ferrocarriles, carreteras, puentes, de los conductos de gas, las escuelas y los hospitales. Estos casos de terrorismo habían ocurrido después del asesinato de su edecán naval.

7 de agosto — La marina anuncia el aplastamiento de una revuelta en Valparaíso.

8 de agosto — Allende anuncia la formación de un nuevo gabinete que incluye a los tres jefes de las Fuerzas Armadas y al jefe de los Carabineros.

20 de agosto — El "Comité de los 40" aprueba el uso de $1 millón para apoyar a los partidos políticos de la oposición y las organizaciones del sector privado.

23 de agosto — El General Carlos Prats renuncia como Ministro de Defensa del gobierno y como Comandante en Jefe de las Fuerzas Armadas. Explica en su carta de renuncia que su participación en el gabinete ha causado una ruptura entre la derecha y la izquierda dentro de las Fuerzas Armadas, y también agrega que fue obligado a renunciar por un sector de oficiales de la armada. El General Augusto Pinochet Ugarte es nombrado como el Comandante en Jefe el 24 de agosto. La renuncia de Prats es interpretada como una baja para el gobierno de Allende.

27 de agosto — Los empresarios declaran otra huelga en contra del gobierno.

4 de septiembre — Alrededor de 750.000 personas en apoyo al gobierno de Allende marchan por las calles de Santiago para celebrar el tercer aniversario de su elección, y gritan, "¡Allende, Allende el pueblo te defiende!" En un discurso televisado y transmitido por radio Allende dice, "estén alerta sin perder la serenidad." La Confederación de Trabajadores Profesionales comienza una huelga indefinida.

5 de septiembre — La Unidad Popular acusa a la Marina de haber encarcelado y torturado a marinos de izquierda. Allende se separa de ésta declaración.

8 de septiembre — Jaime Favovich, ex-subsecretario de transporte declara que, "Las Fuerzas Armadas están provocando a los trabajadores…el golpe militar ya está comenzando." Esto lo declara mientras hace un comentario acerca de una batalla que duró dos horas entre tropas de las Fuerzas Aéreas y trabajadores de izquierda.

11 de septiembre — Los militares chilenos derrocan al gobierno. Rodean el palacio presidencial con tanques, vehículos blindados, fusileros y aviones bombarderos. Entregan un ultimátum a Allende de que debe renunciar o entregarse. Allende se niega a aceptar estas condiciones y muere en batalla. En los días imediatemente después del golpe, miles de chilenos desaparecen o son asesinados , mientras los militares tratan de establecer control completo sobre el país.

13 de septiembre — El nuevo gobierno militar nombra al Comandante en Jefe Pinochet como presidente. El Congreso es disuelto y ponen fin a todas las instituciones democráticas. Pinochet termina con todos los programas iniciados por Allende e instala una economía completamente de mercado libre. No permite las elecciones, declara que las huelgas y los sindicatos son ilegales , también impone una censura muy estricta para los libros, la prensa y los currículos de colegios. Dentro de las universidades departamentos enteros, como los de sociología, son cerrados.

Septiembre–octubre — La Junta declara que todos los partidos políticos que sean marxistas son ilegales y pone a todos los otros partidos en un periodo de suspensión indefinida. La censura de la prensa es establecida y con ello los lugares de detención para todos los que se oponen al nuevo régimen. Miles de personas son asesinadas, incluyendo en forma de ejecución imediata y miles desaparecen. Años después se descubren fosas comunes que habían sido clandestinas y donde se descubren los restos de las víctimas de la dictadura.

15 de octubre — El "Comité de los 40" aprueba el uso de $34,000 para una emisora de radio en contra de Allende y para cubrir los gastos de los portavoces de la nueva Junta Militar.

"Venceremos, venceremos
Mil cadenas habrá que romper
Venceremos, venceremos
La miseria sabremos vencer"

—Quilapayún

CHE EN LA MEMORIA DE FIDEL CASTRO
Editado por David Deutschmann. Prólogo por Jesús Montané.

Por la primera vez Fidel Castro habla con sinceridad y afecto de su relación con Ernesto Che Guevara.

174 páginas   ISBN 1-875284-83-4

CON EL ESPIRITU DE MAESTROS AMBULANTES
La campaña de alfabetización cubana, 1961
Editado por Alexandra Keeble

Este libro presenta un récord gráfico de la campaña de alfabetización, done se vinculan el tema central con imágenes.

60 páginas (texto en español y inglés)
ISBN 1-876175-39-7

FIDEL EN LA MEMORIA DEL JOVEN QUE ES
Editado por Deborah Shnookal y Pedro Alvarez Tabio

Este libro se recogen por primera vez en un solo volumen los excepcionales testimonios que en contados ocasiones el proprio Fidel ha dado sobre su niñez y juventud.

125 páginas   ISBN 1-876175-16-8

LA GUERRA DE EEUU CONTRA CUBA
Por José Ramón Fernández y José Pérez Fernández
Editado por Javier Salado

La historia de la humanidad, nunca conoció, antes del diferendo Estados Unidos-Cuba, de otro ejemplo en las relaciones internacionales que compilara tan alto número de agresiones por parte de una nación poderoso en todos los terrenos, contra un país pequeño, pobre y subdesarrollado.

97 páginas   ISBN 1-876175-40-0

JUSTICIA GLOBAL
Liberación y Socialismo
Por Ernesto Che Guevara
Editado por María del Carmen Ariet García

Estos trabajos escritos por Ernesto Che Guevara, que constituyen verdaderos clásicos, nos presentan una visión revolucionaria de un mundo diferente en el cual la solidaridad humana, la ética y el entendimiento reemplazan a la explotación y agresión imperialista.

77 páginas ISBN 1-876175-46-7

PUNTA DEL ESTE
Proyecto Alternativo de Desarrollo para América Latina
Ernesto Che Guevara
Editado por María del Carmen Ariet García y Javier Salado

"Voy a explicar, además, por qué esta Conferencia es política, porque todas la Conferencias económicas son políticas; peor, es además política porque está concebida contra Cuba, y está concebida contra el ejemplo que Cuba significa en todo el continente americano". —Intervención del Comandante Che Guevara ante el Consejo Interamericano Económico y Social de la OEA (CIES) el 8 de agosto de 1961

238 páginas ISBN 1-876175-65-6

AMERICA LATINA
Despertar de un Continente
Por Ernesto Che Guevara
Editado por María del Carmen Ariet García

La presente antología lleva al lector de la mano, a través de un ordenamiento cronológico y de diversos estilos, por tres etapas que conforman la mayor parte del ideario y el pensamiento de Che sobre América Latina.

450 páginas ISBN 1-876175-71-0

LA REVOLUCION CUBANA: 40 grandes momentos
Por Julio García Luis

En este historia documental, por primera vez aparecen reunidos 40 grandes momentos del proceso que transformó a la cómoda posesión neocolonial de Estados Unidos, hasta los años 50, en abanderada de la revolución y el socialismo.

276 páginas ISBN 1-876175-28-1

Pedidos a Ocean Press

USA: PO Box 1186 Old Chelsea Station, New York, NY 10113-1186
Australia: GPO Box 3279, Melbourne, Vic 3001
Tel: 61-3-9326 4280 Fax: 61-3-9329 5040
E-mail: info@oceanbooks.com.au
Cuba: Calle 21 #406, Vedado, La Habana
E-mail: oceanhav@enet.cu

www.oceanbooks.com.au

Es posible que nos aplasten. ¡Pero el mañana será del pueblo!

—Salvador Allende